古道研学系列

古道研学笔记

GUDAO YANXUE BIJI

中国公路学会交通史志与文化工作委员会
北京文明之路徒步运动中心 编著
北京爱自驾文化传媒有限公司

人民交通出版社股份有限公司
北京

图书在版编目(CIP)数据

古道研学笔记 / 中国公路学会交通史志与文化工作委员会，北京文明之路徒步运动中心，北京爱自驾文化传媒有限公司编著. — 北京 : 人民交通出版社股份有限公司，2021.7

ISBN 978-7-114-17356-1

Ⅰ. ①古… Ⅱ. ①中… ②北… ③北… Ⅲ. ①古道—名胜古迹—世界—青少年读物 Ⅳ. ①K917-49

中国版本图书馆CIP数据核字（2021）第101475号

书　　名：古道研学笔记
著 作 者：中国公路学会交通史志与文化工作委员会
北京文明之路徒步运动中心
北京爱自驾文化传媒有限公司
责任编辑：李秀平
责任校对：刘　芹
责任印制：张　凯
出版发行：人民交通出版社股份有限公司
地　　址：（100011）北京市朝阳区安定门外外馆斜街 3 号
网　　址：http://www.ccpcl.com.cn
销售电话：（010）59757973
总 经 销：人民交通出版社股份有限公司发行部
经　　销：各地新华书店
印　　刷：北京印匠彩色印刷有限公司
开　　本：880 × 1230　1/32
印　　张：8.75
字　　数：166 千
版　　次：2021 年 7 月　第 1 版
印　　次：2021 年 7 月　第 1 次印刷
书　　号：ISBN 978-7-114-17356-1
定　　价：55.00元
（有印刷、装订质量问题的图书由本公司负责调换）

《古道研学笔记》

编审委员会

主　　任：刘文杰

副 主 任：谭　鸿　吴　涛

委　　员：王　娜　张征宇　韩亚楠

编纂工作委员会

主　　任：李　刚

副 主 任：尤　伟　冷林蔚

委　　员：李秀平　付　晨　王　婧

前言

2013年2月2日，国务院办公厅印发《国民旅游休闲纲要（2013—2020年）》，提出要“逐步推行中小学生研学旅行”。2014年8月21日，国务院发布《国务院关于促进旅游业改革发展的若干意见》，首次将“研学旅行”纳入中小学生日常教育范畴。研学这种成熟于国外的校外教育活动开始受到关注，并在相关政策的鼓励下迅速发展起来。2019年9月19日，中共中央、国务院印发《交通强国建设纲要》，并提出要“培育交通文明。推进优秀交通文化传承创新，加强重要交通遗迹遗存、现代交通重大工程的保护利用和精神挖掘，讲好中国交通故事”。古道研学这一崭新的教育模式在此大背景下应运而生，成为“交通文化与旅游融创空间”试点任务的实践内容之一。

古道研学，特指围绕古道这种特殊资源所开展的系列研学教育，以及旅行者在古道上学习相关知识的专题活动。它和以往研学机构在某条古道上所组织的零散活动不同，其核心是由多个专业团队紧密协作，根据活动时令、参与对象等实际因素精心打造，涉及自然、地理、历史、人文、科技、体验六大主题，并糅合环保公益、户外技能、社会实践等内容所推行的一系列课程。开展古道研学，将有利于持续推动脱贫攻坚与乡村振兴有效衔接。

古道这种珍贵的线性文化遗产，镌刻着祖先文明发展的印记，承载着人类生活的艰辛、商贾的兴衰、文化的底蕴，以及历史的变迁。它们不仅展示了当地的自然生态、风土民俗和人文历史，而且也是寄托我们“乡愁”的重要载体。作为一种重要的旅游资源，它在文化旅游、体育旅游、乡村旅游等方面具有非常广阔的应用前景。我们通过古道研学活动，在保护、挖掘古道资源的同时，或将引导这种趋势，以“加速新业态新模式发展。深化交通运输与旅游融合发展”。

本书着重强调了古道研学“安全、科学、环保、文明、健康、快乐”六大原则，并把安全作为首位，这在涉及青少年的户外活动中尤其重要。书中用大量篇幅介绍户外安全知识，并提出要在具体实践中进行相关指导培训，这些都具有极其重要的现实意义。

习近平于2021年5月9日给《文史哲》编辑部全体编辑人员回信，要求广大哲学社会科学工作者共同努力，在新的时代条件下推动中华优秀传统文化创造性转化、创新性发展。让我们以此为契机，普及古道知识，使孩子们走出校门、踏上古道，在行走中陶冶情操、增长见识、体验不同的自然和人文环境，全面提升他们的综合素质。

编者

2021年6月

目 录

第一章

古道基础知识

“让收藏在博物馆里的文物、陈列在广阔大地上的遗产、书写在古籍里的文字都活起来，让中华文明同世界各国人民创造的丰富多彩的文明一道，为人类提供正确的精神指引和强大的精神动力。”

——习近平

2014年3月27日《习近平在联合国教科文组织总部的演讲》，见《人民日报》2014年03月28日03版

第一节　古道的概念

▲ 古道探索

古道，是指古人使用过的，并至今保留着部分或全部遗迹的道路。古道承载着人类生活的艰辛、商贾的兴衰、文化的底蕴和历史的变迁。《载敬堂集·匾辞碑文·古道歇棚记》云：“古道者，古来人世跨空移时、运往行来之途；贯朝穿代、纫忧缀乐之线。”这是对古道这一概念的一种很好的诠释。

道路是人类活动的产物。东汉训诂书《释名》对道路的释义为：“道，蹈也，路，露也，人所践蹈而露见也。”由此可见，原始道路就是由人行走践踏而成的小径。

在炎黄二帝时代，就有关于“黄帝作车”的传说。到了有文字记载的商代，古代文献中已经有商代人修筑、养护道路的记录。更为直接的证据是在河南安阳发现了商代道路的遗存。这条几千年前的商代古道约有8.35米宽，道路上保存着双向的车辙印，相当于当时的高速公路。到了西周和东周时期，四通八达的驿路形成，“北通燕蓟，南通楚吴，西抵关中，东达齐鲁”。

秦始皇统一六国后，修建了以驰道、直道为主干线的道路网，直到汉代还完好无损，甚至到了明末清初还有遗迹。而汉代开通的丝绸之路，从中国的中原出发，通往西北地区，经过中亚、西亚，与东南欧及北非的交通线相衔接，构成了一条世界性的东西大商道。在后来的几千年中，它不断地促进了东西方文化的交流，直到今天还发挥着极为重要的作用。

隋代统一全国之后，修建了长达数千千米的御道。唐代国力强盛，京城长安作为世界上最大的都市之一，是国内与国际的陆路交通的枢纽。当时的驿站管理十分完善，信息的传递比较快捷，“一骑红尘妃子笑”的故事正是以当时发达的道路交通为基础的。

宋和辽金时期，城市道路建设突破了以往住宅区与商业区相分割的格局，取得了重大的突破。大蒙古国和元朝时期，中西陆路交通出现前所未有的盛况，“凡在属国，皆置驿传，星罗棋布，脉络相通”的驿道交通网建立，欧亚草原之路畅通无阻，丝绸之路得以疏通。明清时期，虽然版图有所缩小，但是道路交通不断完善成熟，形成了十分完善的驿路系统，各地人民通过这个庞大的交通网络实现了经济、文化等各方面的交流。

中华文明绵延数千年，神州大地历经人世沧桑。在我们的历史长河中，朝代更迭一直伴随着辛劳的建设和毁灭性的破坏。虽然如此，丰富多彩的各种文化遗产仍然延续了中华民族的文明血脉，成为中华民族也是全人类共同的宝贵财富。文字记录了泱泱大国的历史片段，但能将岁月变迁的遗留用最好方式串联起来的，应该是这些幸存下来的、具有悠久历史和深厚文化底蕴的古道。

▲ 古道

第二节　古道的类别

世界各地的古道种类繁多，根据每条线路在开拓初期所发挥的主要作用，我们可将其分为五大类：

一 商贸类古道

▲ 商贸类古道

司马迁在《史记·货殖列传》中写道："天下熙熙，皆为利来；天下攘攘，皆为利往。"古往今来，普天之下芸芸众生为了各自的利益而奔波。而在这些商业贸易的过程中，丝绸之路、香料之路、食盐之路等著名东西方文化交流通道形成，既丰富了各国人们的日常生活，又促进了世界文明的进程。

商贸活动是人类历史上最普遍的交流活动，所以在各个时代，国家之间、地区之间、村镇之间都有很多商贸通道，曾经发挥着重要的作用。随着现代交通的发展，这些古道有很多慢慢被废弃，但有一些遗迹一直保存到今天。如北京郊外的京西古道，曾经运送过煤炭、琉璃等货品，至今还保留着一些完整的段落。这些曾经繁华的商贸类古道，也被称为古商道。

二 军事类古道

战争贯穿了整个人类的历史，给人类带了无穷的灾难，但是又推动着历史发展的进程。国内外很多古道的建设，就是出于当时的军事目的。其中著名的秦直道、秦驰道及褒斜道等，战时用于征战，和平时期亦可供老百姓生活往来。这些古道留存至今，如同一部部立体的历史典籍，演绎了一幕幕金戈铁马的悲壮史诗。

▲ 军事类古道

京西古道上有不少曾用于军事的路段，部分段落还有长城、烽火台等遗迹，甚至有些在抗日战争时期还曾经发生过可歌可泣的悲壮故事。这些与军事相关的古代道路在我国多地都有遗存，又被称为古军道，途中多建有关城、烽火台等古代军事设施。

三 宗教类古道

人类从远古时代的图腾开始就有了宗教的痕迹，许多著名的古道即诞生于某种宗教，最有名的如以西班牙圣地亚哥大教堂为终点的朝圣之路。1993年，它作为一条重要的线性文化遗产，被批准列入《世界遗产名录》，同时被欧洲议会定为第一条欧洲文化旅行路线。如今，整条线路因为结合了自然风光、历史和文化，已经成为世界十大徒步线路之一。在这条著名的古道上，来自世界各地的朝圣者自成一景，人群中既有白发苍苍的老者，也有憨态可掬的孩子。大家的语言和生活习惯差别很大，但是像亲人一样互相关心、互相鼓励，令所有踏上路途的行者们印象深刻。

而我们身边更多的宗教类古道是一些通往寺庙的山间小路。如通往北京妙峰山、丫髻山的香道，以及武当山周围的多条古道等，只是供一些信众在某个特殊日子完成某种特殊心愿使用，这种道路可

▲ 宗教类古道

叫作古香道。

四 迁移类古道

水是生命的源泉。上古人类逐水而居，与河流相伴相生，与自然抗争，艰难求生。

▲ 迁移类古道

随着人类数量增多，加上战乱、天灾、瘟疫等原因，人们不得不背井离乡，寻找新的居住地。世界历史上曾经发生过数次大规模的人口迁移事件，仅在我国近代史上就有“走西口”“闯关东”“蹚古道”“下南洋”“赴金山”五次大的移民潮。

其中“走西口”，又叫“走口外”等，指晋北、陕北、河北等地贫苦农民为环境所迫，从不同的“关口”穿越到长城以外的内蒙古西部谋生的过程，而他们所行的主要道路如今就被称作“西口古道”。

五 探索类古道

整个人类历史上，千百亿人都曾上路行走，有人为了经商，有人为了战争，还有一些人单纯是因为对远方的好奇与探索。在西方，有一些著名探险家在带来地理大发现的同时踩踏出了一些道路。在中国，则有玄奘、徐霞客等极少数的旅行家，还有一些文学家、诗人等漫游的路线，并留下大量游记和诗篇，具有重要的文化与文学价值。

此类线路有徐霞客古道、唐诗之路、陆羽古道等。如果手执古人之著作，到实地行走，与古人对话，感受星移斗换之变化，开展学习与思考，真正实践“读万卷书，行万里路”古训，收获自然不言而喻。

古道在历史上的不同时期所发挥的作用可能有所不同，随着时间的推移，大多也转为多种用途。我们踏上这些道路参与研学活动，就是一种跨越时空、在追溯和体验中学习各种不同知识的过程。

▲ 探索类古道

第三节　古道的相关概念

一　线性文化遗产

古道是一种最典型的线性文化遗产。线性文化遗产主要是指在拥有特殊文化资源集合的线形或带状区域内的物质和非物质的文化遗产族群，运河、道路及铁路线等都是重要表现形式。线性文化遗产是世界遗产的一种形式。像奥地利的塞默林铁路、印度大吉岭的喜马拉雅铁路、阿曼的“乳香之路”等，早就成为世界文化遗产，并给当地带来了巨大的经济效益和社会效益。2014年6月22日，我国的丝绸之路和中国大运河被正式列入《世界遗产名录》，促进了国内对古道这种具有极强生命力的线性文化遗产

▲ 中国大运河入选《世界遗产名录》

的挖掘和保护。

现在，我国已经在物质文化遗产保护方面形成了比较完备的法律体系，也取得了显著的成绩。但是对古道这种特殊的线性文化遗产的保护意识，形成得比较晚，还有很多工作需要加强。保护各地的古道资源，可以保护当地重要的历史古迹，加快文化旅游事业发展，提升文化旅游品位，促进文化事业的发展繁荣，扩大再就业渠道，增加人民收入，推动经济、社会、科学发展，这已经是中国各地政府的共识。

二 文化线路

大多数的世界文化遗产都是点状存在的，如故宫；还有一部分是点组成的面，如西湖等文化景观。1994年，在西班牙马德里召开的以“线路，文化遗产的组成部分”为主题的专家会议上，第一次明确提出了“文化线路”的概念。2008年，国际古迹遗址理事会第十六次大会通过了《文化线路宪章》，“文化线路”被正式纳入了《世界遗产名录》的范畴。

根据《文化线路宪章》，文化线路定义为：无论是陆地上，海上或其他形式的交流线路，只要是有明确界限，有自己独特的动态和历史功能，服务的目标特殊、确定，并且满足以下条件的线路可称为文化线路：a）必须来自并反映人类的互动，和跨越较长历史时期的民族、国家、地区或大陆间的多维、持续、互惠的货物、思想、知识和价值观的交流；b）必须在时空上促进涉及的所有文化间的交流互惠，并反映在其物质和非物质遗产中；c）必须将相关联的历史关系与文化遗产有机融入一个动态系统中。简单的说法是：文化线路是指拥有特殊文化资源集合的线性或带状区域内的物质和非物质文化遗产族群。

文化线路申遗意义重大，它使一整条线上许多个点、面分布的文化资源同时都成为世界文化遗产。比如“丝绸之路：起始段和天山廊道的路网”列入《世界遗产名录》，跨度竟然有5000千米，沿线包括中心城镇遗迹、商贸城市、交通遗迹、宗教遗迹和关联遗迹等5类代表性遗迹，一共33处，都在名单之中。我国入遗的文化线路还有著名的“中国大运河”。另外，蜀道、北京中轴线等已被列入《中国世界文化遗产预备名单》。

三 步道

所谓步道，从字面意思来看就是适宜步行的陆上道路。“步道”一词，最早出现在我国，《说文解字·彳部》称：“径，步道也。”段玉裁注曰：“此云步道，谓人及牛马可步行而不容车也。”古乐府《安东平》诗：“凄凄烈烈，北风为雪。船道不通，步道断绝。”

而“国家步道”的概念，是20世纪中叶在美、英等国出现的。步道，美国人叫trail，英国人叫way或者long-distance footpaths，一般距离较长，至少要50千米以上，最长的有数千千米。欧美各国的国家步道都是多用途的，即步道、直排轮滑道、马道和山地车道多用途合一。在步道每处重要节点都有专门的标识系统，不允许各种机动车上路。美国相关法案称，“国家步道”旨在“为公众提供保护、休憩、公共通行、娱乐及感知的步道，塑造国家优良户外活动空间，以促进公众保护、使用和欣赏国家自然和历史资源”。英国则将国家步道定义为：“通过小径、马道和小部分公路等串联起来的，经过英国最秀丽景观，为步行、骑车和骑马者提供的长距离廊道。”

美国的首条国家步道为阿巴拉契亚山脉景观步道，开通于1937年。美国的国家步道系统分为景观步道、历史步道、休闲步道以及连接步道，形成了一个庞大的步道系统，促进了越野徒步运动的发展和普及。英国目前已建成总长约8000千米的国家步道系统，沿途可以欣赏自然风光和历史遗迹。我国台湾已建有14个国家步道系统，其中就有贯穿台湾南北的中央山脉脊梁国家步道系统。

在国外及中国台湾等地建设国家步道的成熟经验和中国大陆已有登山步道、廊道和景观绿道的基础上，北京市门头沟区从2012年起，利用京西古道群，规划建设我国大陆首个与国际标准接轨的国家步道系统，并提出如下定义：国家步道，是指“位于我国生态与人文资源富集的山岳、水岸或郊野地区，穿越并连接具有国家代表性与国家级的人文与生态资源，并可串联多样性国家级景区，在为到访者提供自然人文体验、环境与文化教育、健康休闲游憩等多元游憩机会序列的同时，实现传承保护文化遗产、永续利用资源、促进旅游产业、活络乡村经济，经过国家步道委员会指认的步行廊道”。

在全民健身成为国家战略的今天，打造适合全民健身运动的步道系统，是一项重要的工作。古道是非常优良的户外徒步资源，也是打造国家步道系统的基础。在各地保存较好的古道基础上进行国家步道系统的设计与开发，将会取得事半功倍的效果，值得积极尝试。

▲ 历史文化步道

四 绿道

所谓绿道，是一种限于步行、骑行的线性绿色通道，通过连接公园、自然保护区、风景名胜区、历史文化遗迹和城乡居住区等，为人们提供休闲健身的绿色空间。

▲ 绿道

根据北京市发改委相关负责人介绍，通过市级绿道建设，可以有效推动城区绿色出行，并提供百万人休闲健身的绿色空间。2013年，北京市开始实施二环路滨水绿道、三山五园绿道、六里桥至园博园绿道和温榆河滨水绿道等线路的建设。另外，规划中的北京市级绿道，将以城市绿地系统为基础，以历史文化景观和自然生态资源为依托，充分考虑工程易于实施、市民方便到达和兼顾绿色出行等因素。市级绿道将覆盖16个区县，贯通11个新城，串联200多处公园、风景名胜区、历史文化遗迹，在空间上形成“三环、三翼、多廊”的总体格局。

“三环”绿道指环城公园绿道、郊野休闲环绿道、森林公园环绿道；“三翼”绿道指东翼绿道、西翼绿道、北翼绿道；“多廊”绿道主要是沿城市河湖水系由中心城向外辐射的滨水绿道，主要沿护城河、昆玉河、北土城河、永定河引水渠、京密引水渠、坝河、通惠河和凉水河等水系布局，并与“三环”绿道相连通，共同形成市级绿道体系的中心，属于北京城市区域绿道。

区域绿道是城市之间对区域生态绿地保护和生态网络体系建设具有重要影响的绿道，包括自然要素和人工要素。自然要素是指带性植物群落、水体、土壤、野生动物等。人工要素主要包括风景名胜区、森林公园、郊野公园和人文景点等重要游憩空间构成的发展节点；由自行车道、步行道、无障碍道（残疾人专用道）、水道等非机动车道组成的慢行道；由标识牌、引导牌、信息牌等组成的标识系统；由出入口、停车场、环境卫生、照明、通信等配套设施组成的基础设施系统；由换乘、租售、露营、咨询、救护、保安等设施组成的服务系统等。

城市绿道定位为步行和骑行道路，在城区范围内建设宽度相对比较狭窄、选择利用现有的机动车无法通行的线路绿化带，并设置交通限行与禁行标识，杜绝机动车占道等行为。

五 栈道

栈道主要是指沿悬崖峭壁修建的道路，也被叫作阁道、复道。我国古代高楼间架空的通道也称栈道。

我国在战国时期就已经开始修建栈道。当时的人们因为战争等需要，在河水隔绝的绝壁上使用器物等，花大力气开凿出一个个棱形的孔穴，在孔穴内插上石桩或木桩，然后铺上木板或石板，为的是人和车马通行。在秦岭所建的褒斜栈道，长249千米，是中国历史上最古老的道路之一，1961年被国务院公布

▲ 栈道

为全国第一批重点文物保护单位，在交通史上占有极其重要的地位。在古蜀道中长期居于主线地位的金牛道上所建栈道，“连云叠嶂，壁立数百仞，幽邃逼窄，仅容一人一骑；乱石嵯峨，涧水湍激，为蜀道之最险”。

“明修栈道，暗度陈仓”的故事非常有名，指的是楚汉争霸时，刘邦从汉中出兵攻打项羽，用韩信之计，故意明修栈道，迷惑对方，暗中却绕道奔袭陈仓，取得重要胜利的故事。汉代还开凿了黄河栈道，工程十分艰巨，现在存有不少段落，观后令人极其震撼。

六 堤道

堤道是在沙地、沼泽或水上的一种狭窄凸起的通道。堤道是世界上最早的道路形式之一，几乎遍布世界各地。位于北爱尔兰贝尔法斯特西北约80千米处大西洋海岸的巨型堤道，又名

“巨人之路”，自然形成于公元前4000年至前2000年的新石器时代，是全球闻名的奇迹。1986年“巨人之路”被列入《世界遗产名录》。

中国著名的西湖，被几个不同的堤道所分割。其中，西湖三堤之一的“杨公堤”，原名西山路，被誉为杭州最美的一条路。这条堤道经过人工修建，并开拓了栈道，既方便了游人，又自成一景，为世人所称道。

连接新加坡和马来西亚半岛的柔佛河连接式堤道，像高速公路一样向司机们收取通行费。至于世界上最长的堤道，是美国路易斯安那州南部的庞恰特雷恩湖堤道，还是泰国的邦纳高速公路堤道，至今没有定论。

▲ 中国特色的堤道

第四节　古道的组成

在很多人心目中，古道就是如今残存下来的老旧道路本身。其实它所附属的内容非常丰富，如沿途的古民居、古关隘、古栈道等，这些都是古道上宝贵的文化符号。

一　古道路

▲ 古道

几乎每个地区都有自己的古道，只是形态各不相同。有的地方某些青石板的古道保存状态比较完好，沿途还会留有前人行路的茶棚、凉亭等，当然更多的是被现代城市及交通设施的改造建设所覆盖或部分中断。如果我们只看重道路本身，就会把保护工作的重心全放到修路工作中去，这并不是古道保护与开发的正确方式。

二 古村镇

▲ 古村镇

我国某些地区会留存下来一些古屋、古庙、古井、古塔等，具有一定规模的则形成古村落、古镇，甚至古代名城。这种非常珍贵的历史遗存往往是和古道并存的，从古道可以前往古村、古镇，也可以从古道走出古村、古镇。我们不应该将其割裂，而是应该使其联动，以发挥更好的效应。

三 古树木

▲ 古树木

有些国家的古道周边生态保护工作历来做得很好，如日本的熊野古道，沿途都是千年古树。这样的情况在我国西南部的金牛道上也有。不过，国内大多数古道边上的古树已呈十分稀少的状态，可能只有几棵甚至一棵残存下来，披红挂绿或者被围在铁栅栏里，甚至还是因某种迷信而得以留存下来的。

四 古关城

很多古道都有关隘，古树木又称关卡，是在交通要道设立的防务或管理设施，多作军事用途。如古道上的一些保存较好的古城，万里长城的关楼，都建在古代道路的重要路段，成为古道的重要组成部分。

▲ 古关城

五 古碑刻

在中华历史文明的进程中，碑刻是非常常见的。它是一种非常重要的记录符号，和古石像等一道，经常与庙宇、墓地、亭、桥等一系列古建筑一起留存下来。碑刻以石碑比较常见，也会以摩崖石刻的方式呈现。广义的摩崖石刻是指人们在天然的石壁上摹刻的文字、造像和岩画等。

▲ 古碑刻

六 古桥渡

我国有不少古代桥梁作为道路的一部分存留下来，其中的廊桥、石拱桥等形式非常有特色。渡口指的是道路越过河流以船渡方式衔接两岸交通的地点。包括码头、引道及管理设施。也指有船摆渡的，过河的地方。虽然都是因水而生，桥和渡口是不同的，但是在古代有些特殊情况下会发生一些转换。如咸阳古渡，本为西渭桥

▲ 古桥

（即便门桥）旧址，故址在今咸阳市东五里许。桥废后，明嘉靖年间以舟为桥，后则冬春设桥，夏秋舟渡。因年久失修，加上古代建筑难以承受现代交通工具的碾压，现存的许多古桥、古渡都已经成为文物。

七 古民俗

各地的古俗遗风（其中一些甚至成为非物质文化遗产）已经越来越成为当地文化交流、旅游推广的重要资源，尤其是一些少数民族的古老风俗，甚至包括穿着等，每天都可能发挥着经济利用价值。我们把当地美食也归并于此，这是古道能发挥其经济价值的很重要的发力点，对乡村振兴工作有很大意义，而且一定会广受徒步旅行者欢迎。

▲ 古民俗

八 古寺庙

古往今来，人类的宗教活动不断，且大多是围绕寺院、宫观、清真寺、教堂等宗教场所展开的。在历史长河中，这些宗教场所不断地被建造、毁坏、更替、修复、封敕，信教民众一代又一代络绎不绝地朝圣，形成很多的道路。两者互相依存，很多延续至今。北京西部山区的潭柘寺、戒台寺、九龙山、娘娘庙、文殊道场等是京西古道上非常著名而且具有特色的名胜古迹。

▲ 古寺庙

九 古墓穴

▲ 古墓穴

在全世界的古道周边，古墓是最为常见的留存，除了具备挖掘考古价值，还是历史的一种载体，既记录了古代的文明与文化，还填补不少历史研究上的空白。在中国，墓穴一般是零星分布；国外不少国家墓穴则极具规模，如在罗马古道、朝圣之路等古道上的墓穴。

十 古诗词

“枯藤老树昏鸦，小桥流水人家，古道西风瘦马。夕阳西下，断肠人在天涯。”这首脍炙人口的《天净沙·秋思》小令，就是元代著名杂剧作家马致远描写京西古道上深秋晚景，表达行人孤寂愁苦之情的；“蜀道之难，难于上青天。”则出于唐代大诗人李白的代表作品《蜀道难》。很多著名的诗词，都写作于古道上，因而近些年我国推出唐诗之路等，以弘扬祖国的传统文化。

▲ 古诗词

第二章

中外经典古道

“要加强对中华优秀传统文化的挖掘和阐发，使中华民族最基本的文化基因与当代文化相适应、与现代社会相协调，把跨越时空、超越国界、富有永恒魅力、具有当代价值的文化精神弘扬起来。”

——习近平

2016年5月17日《习近平在哲学社会科学工作座谈会上的讲话》，见《人民日报》2016年05月19日02版

第一节　世界十大古道

2014年9月8日，国内专业机构发布了“世界十大古道”的备选名单。其重要依据，是专业户外人士挖掘和整理出来的国内外具有户外探险价值，以及丰富历史内涵的著名古代线路。世界十大古道是全球最为著名的十条线性文化遗产。

一 丝绸之路（亚非欧）

▲ 丝绸之路

丝绸之路的名称，是由德国地质学家李希霍芬于1877年提出的，它最初所指的是“从公元前114年到公元127年间的中国与河间地区及中国与印度之间，以丝绸贸易为媒介的这条西域交通路线”。传统的丝绸之路，是指从中国著名古都长安（今西安）等地出发，经中亚、西亚，一直到达欧洲或非洲，长度近8000千米，穿越几十个国家，历史持续2000多年的一条古代商贸之路。2014年6月，丝绸之路被列入《世界遗产名录》。

丝绸之路是一个范围广大的道路系统，至少包括陆上丝绸之路和海上丝绸之路两部分。陆上丝绸之路还可细分为“草原森林丝路”“高山峡谷丝路”和“沙漠绿洲丝路”。现在有证据显示，还有一条从今成都出发、深藏于高山密林间的“西南丝绸之路”。

二 乳香之路（亚非欧）

“乳香之路”是一条2000多年之前的古老贸易通道。乳香是一种由橄榄科植物乳香木产出的、含有挥发油的香味的树脂，风干后呈黄色，气味清香。乳香的主要产地是阿曼、也门、索马里等地。有人把这个词翻译成“口香糖”，现在的也门人经常咀嚼它以清洁

▲ 乳香之路

口齿。在古代，乳香的价格贵比黄金。古埃及、古罗马的神庙中常年散发着乳香的气味，香气缭绕带来神秘的气氛。乳香交易是古代和中世纪最重要的商业活动之一。

乳香之路有海上航线和陆路道路两条路线，是古代极其重要但现在鲜为人知的商道。

三 朝觐之路（亚非欧）

▲ 朝觐之路

到伊斯兰教的发源地——麦加朝觐，是伊斯兰教五项宗教功课之一，世界各地很多的穆斯林要历经千辛万苦，用一生来准备、完成这项仪式。按照穆斯林的传统观念，路途越是艰难，就越是有成就，可以获得真主最大的赏赐。以前的朝觐之路有很多条路线：亚洲很多的穆斯林要翻山越岭，历经很多艰险，才能到达麦加。非洲信众有的是穿过撒哈拉，经过开罗，前往麦加。有的要通过连接大西洋、俗称“苏丹穆斯林地带”的大草原等，过红海，抵达麦加。西非的朝觐之路，因为西方殖民国家划界等干涉，在20世纪50年代基本上停止了。

朝觐之路上的马里曾经是西非三个重要文明古国加纳帝国、马里帝国和桑海帝国的中心地域。13世纪，随着撒哈拉商道黄金贸易的兴起，马里古道曾经非常繁荣。马里君主曼萨·穆萨（被誉为非洲的“众王之王”）曾建立了西起大西洋，东至加奥，向北深入撒哈拉的强大国家，并创造出辉煌的历史文化。那时候马里的富强声誉远扬欧洲。

四 朝圣之路（欧洲）

▲ 朝圣之路

从西班牙境内的潘普洛纳到圣地亚哥－德孔波斯特拉长达约800千米的圣地亚哥朝圣之路，是欧洲著名的文化之旅路线，1993年被联合国教科文组织列入《世界遗产名录》。这条线路的终点圣地亚哥－德孔波斯特拉的大教堂，是继耶路撒冷和罗马之后的天主教第三个最为重要的圣地，所以被誉为朝圣之路。

圣地亚哥之路是环球知名的苦行朝圣之路，是一条向天主教十二使徒之一的圣雅各（即西班牙语中的“圣地亚哥-Santiago”）朝拜的旅行路线。根据出发地点的不同，通往圣地的路线有很多条。

五 菩提之路（亚洲）

尼泊尔的蓝毗尼被称为“佛祖的故乡”，位于尼泊尔鲁潘德希县境内，靠近印度边境，距离加德满都280千米。蓝毗尼在梵文中是“可爱”的意思。这是一个美丽的地方，绿树成荫、鲜花烂漫、溪流淙淙。这更是一个神圣的地方，是悉达多王子的诞生地和全世界最重要的宗教圣地之一。后来，王子在今印度的菩提迦耶的一棵菩提树下打坐开悟，到鹿野苑传教，最后圆寂（去世）于拘尸那迦，所以蓝毗尼、菩提迦耶、鹿野苑、拘尸那迦被称为佛教四大圣地。

▲ 菩提之路

每年，世界各地有很多佛教徒会沿着悉达多王子曾经走过的菩提之路到这些地方朝圣。

六 罗马古道（欧洲）

▲ 罗马古道

罗马帝国在强盛时期征战各地，道路四通八达。如今这些曾经的道路留下很多古迹，非常值得我们一边行走一边解读那段影响世界的重要历史。其中重要的部分有亚壁古道等。

亚壁古道是古罗马时期一条把罗马与今意大利东南部普利亚的港口布林迪西连接起来的古道。作为一条战略要道，它为古罗马帝国的扩张发挥了重要作用。在公元前71年，斯巴达克起义被扑灭后，6000名俘虏就是在这条古道上被钉死在十字架上。

七 食盐之路（非洲）

非洲的撒哈拉沙漠，位于非洲大陆北部，是世界上阳光最多的地方，也是世界上面积最大和自然条件最为严酷的沙漠。它东西长达5600千米，南北宽约1600千米，总面积约9,065,000平方千米，约占非洲总面积的32%，可以把整个美国装进去。盐是非洲在发现石油前最重要的经济资源，对所有生物的生存有着极其重要的作用。

▲ 食盐之路

撒哈拉沙漠中心有一个叫“尼日尔河之岸”的地方，是尼日尔河跟萨赫勒陆路通道的交汇点，其辉煌历史起源于一条重要的贸易通道——食盐之路。这条道路上，直到20世纪初，还有盐商每年带着两万头骆驼的队伍穿越行走。

八 夏洛特女王步道（大洋洲）

新西兰气候宜人，环境清新，风景优美，旅游胜地遍布，森林资源丰富，地表景观富于变化，被称为世界上最美的徒步天堂。新西兰有很多非常美丽的徒步线路，其中有一些不但设施完善，而且保留了很多的历史遗迹。

▲ 夏洛特女王步道

夏洛特女王步道全长71千米。它以蔚为大观的景色、多样的地貌、具有历史性的地标、生机勃勃的自然灌木林及新西兰奇特的野生植物而著名，所经之处无不记录着毛利人的故事和历史。行走于其中，我们仿佛在阅读一本立体的历史书卷。

九 印加古道（美洲）

马丘比丘是古印加帝国的一座古城，其遗址于1983年被联合国教科文组织列入世界文化与自然双重遗产，2007年还入选“世界新七大

▲ 印加古道

奇迹”。印加古道是印加帝国在1438—1532年沿着安第斯山脉修建的山路，以库斯科城边的萨克萨瓦曼圆形古堡为起点，全长两三千千米，是当时的统治者传达政令、印加人生产生活和进行贸易的交通要道。其中马丘比丘古道则是到达圣城马丘比丘的山路，曾被英国探险旅游专业人士评选为世界十大最佳探险旅行路线之一。

印加古道的大部分位于秘鲁境内。在秘鲁的牵头下，这条古代道路通过沿线的阿根廷、玻利维亚、智利、厄瓜多尔和哥伦比亚等国家共同进行了遗产申报，并于2014年6月22日与丝绸之路一起列入世界文化遗产名录。

十 成吉思汗古道（亚欧）

▲ 成吉思汗古道

史书记载，13世纪中叶，成吉思汗的蒙古大军四处出征，所向披靡。军队在将领哲别和速不台的带领下穿过格鲁吉亚，往东来到里海旁边的阿塞拜疆。险峻的高加索山脉是亚洲和欧洲的分界线，海拔大都在3000—4000米，终年积雪，难以穿行。最后他们利用计谋，找到靠近里海的一条小路，劈山开路，终于穿越了高峻的高加索山脉，到达高加索山北面的俄罗斯大草原。

如今他们所开辟的那条穿越高加索山脉、从亚洲通往欧洲的崎岖道路，吸引了众多喜欢探究古道的学者和探险家的关注。

名人名言

对青年人来说，旅行是教育的一部分；对老年人来说，旅行是阅历的一部分。

——（英国哲学家）弗朗西斯·培根

盖章处

时间：______年____月____日

地点：____________

线路：____________

长度：____________千米

天气：____________

专家：____________

领队/家长：____________

第二节　中国经典古道

一　丝绸之路

古道简介

丝绸之路是古代横跨欧亚大陆，进行丝绸等货物交易的商贸大道。通过丝绸之路，古人把中国的“四大发明”、丝绸、瓷器、冶炼术等传到了西方，同时把西方的天文历法、造桥术、葡萄和棉花种植技术以及沿途的宗教等带进中国，所以它不仅是著名的商旅之路、宗教之路、文化之路，还是东西方文化融合、交流和对话之路。几千年来，这条路交流的货物远远不止丝绸一种，所以它又被称为“皮毛之路”“玉石之

▲ 丝绸之路

路”“珠宝之路”“香料之路”“佛教之路”“陶瓷之路”等。现在所说的丝绸之路，是一个多起点、多终点，不断发展完善的庞杂体系。

古道历史

1976年，河南安阳挖掘出3000多年前殷商时期的妇好墓，并在墓葬出土的文物中发现了晶莹剔透的和田玉。专家们认为，这表明从3000多年前的新石器时代至商朝，昆仑山脚下就有一条“古玉石之路”，往东经罗布庄、罗布卓尔至敦煌，或经喀什、库车、吐鲁番、哈密，在今玉门关、酒泉一带会合，再继续向东延伸，经兰州、西安、洛阳而到达安阳；往西经由今乌兹别克斯坦到欧亚各国。玉石之路是丝绸之路的前身，具有6000多年的历史。

公元前138年，中国古代卓越的探险家、旅行家与外交家张骞出使西域，出生入死很多年，获得许多外部世界的知识，完成了探索中亚的伟业。出使西域的过程中，张骞在大夏（位于今阿富汗）的市场上，曾看到了大秦国（罗马帝国东部）的海西布以及汉朝的邛竹杖和蜀布等。由此推知，我国较早前就有路可通往身毒（今印度）等地。

1868年，德国地理学家费迪南·冯·李希霍芬来到中国。这个总用绳子挂着一支长长的铅笔的外国人，开始一句中文也不会讲，但是用四年时间走遍了大半个西方了解最少的国度。

1877年，他开始撰写《中国》系列丛书，在其中把张骞两次出使西域前后逐渐形成的这条古道称作“丝路”，也就是我们现在所熟知的丝绸之路。后来德国人胡特森经多年研究后写成专著《丝路》，丝绸之路这一称谓被世界公认。

张骞是西汉时期的杰出人物，打通了西域之路，但是由于战乱等原因，这条路后来被封闭了。东汉时期，班超负责打通西域。他派甘英出使大秦（罗马帝国东部）并到达波斯湾，首次将丝路从西亚一带接通至欧洲的古罗马。古罗马派人顺着丝路首次来到东汉京师洛阳。以后，长安（今西安市）和洛阳（今洛阳市）均被认定为丝绸之路的起点。

▲ 丝绸之路上的黑水古城

这条传统概念的丝绸之路以西安或洛阳为起点，全长7000多千米（中国境内有4000多千米），穿越我国河南、陕西、宁夏、新疆、青海、甘肃六个省、自治区，西经南亚、中亚，直达欧洲，是世界上最长的陆上经济商贸之路、文化交融之路、科技交流之路。

“广义的丝绸之路”是古代中西方通商道路的统称。这些道路包括陆上和海上两部分。陆上丝路因地理走向不同分为“北方丝路”与“南方丝路”，因地理景观差异细分为“沙漠绿洲丝路”“草原森林丝路”和“高山峡谷丝路”。

北方陆上丝路，主要是指由黄河中下游通达西域等地的商路，包括草原森林丝路、沙漠绿洲丝路两部分。

草原森林丝路存在于先秦时期。它从黄河中游北上，穿过蒙古高原，越西伯利亚平原南部至中亚后分为两支：一支西南行达波斯转西行，另一支西行翻乌拉尔山越伏尔加河抵黑海滨。两路在西亚重新合二为一，然后抵地中海沿岸国家。

沙漠绿洲丝路繁荣于汉唐时期，是北方丝路的主干道，全长7000多千米，沿线文物遗存多。申报世界文化遗产的主要就是沙漠丝绸之路。沙漠绿洲丝路东、中、西三段，而每一段又都可分为北、中、南三条线路。

南方陆上丝路也被称为“蜀—身毒道”。它穿行于横断山区，所以又称高山峡谷丝路。南方陆上丝路也已延续2000多年。在抗日战争期间，大后方出海通道被切断的时候，曾沿丝路西南道开辟滇缅公路、中印公路，作为支援后方的生命线。南方丝路由灵关道、五尺道和永昌道三条道路组成。

海上丝绸之路的历史同样悠久，它“形成于秦汉时期，发展于三国隋朝时期，繁荣于唐宋时期，转变于明清时期，是已知的最为古老的海上航线”。海上丝绸之路主要有东海起航线和南海起航线，从广州、泉州、杭州等地出发，从南洋到阿拉伯海，甚至远达非洲东海岸，是古代中国与世界交往的海上通道，也是已知的最为古老的海上航线。

海上丝绸之路运送的货物除了丝绸，还有瓷器和香料等，因此还被称为“海上陶瓷之路”和“海上香料之路”。

古道撷珍

现代丝路概念包含范围极大，内容很多，拥有无数珍贵文化遗产。其中仅当前申遗成功的古丝绸之路东段，被列入名录的沿线中心城镇遗迹、商贸城市、交通遗迹、宗教遗迹和关联遗迹等就有5类代表性遗迹共33处，包括中国境内22处考古遗址、古建筑等遗迹（河南4处、陕西7处、甘肃5处、新疆6处），以及哈萨克斯坦境内8处遗迹、吉尔吉斯斯坦境内3处遗迹。

中国境内的主要遗址为：

【崤函古道石壕段遗址】

该遗址位于今河南省陕县硖石乡车壕村西南约2000米，距三门峡市36千米。崤函古道是汉唐时期沟通长安、洛阳两大都城交通要道的组成部分。它是整个丝绸之路33个申遗项目中唯

▲ 崤函古道

一的一条道路遗址。

【汉长安城未央宫遗址】

该遗址位于今陕西省西安市未央区汉长安城遗址西南部的西安门里。它是汉长安城的核心组成部分，为汉通西域的决策和指挥中心。

【张骞墓】

此墓位于今陕西省汉中市城固县团结乡饶家营北约200米处。张骞是汉武帝时期人，作为西汉时期杰出的外交家、丝绸之路开拓者，为我国历史作出了伟大贡献。

【玉门关遗址】

该遗址位于今甘肃省敦煌市城西北80千米的戈壁滩上，因著名的和田玉经此输入中原而得名，是古代“丝绸之路”北路必经的关隘，也是长城西端重要关口。

【克孜尔尕哈烽燧】

该烽燧位于今新疆维吾尔自治区库车县依西哈拉乡境内，是古丝绸之路北道上时代最早、保存最完好的烽燧遗址。

古道美食

丝绸之路沿线有很多国家和地区，不同的风土人情和饮食习惯汇成一条丰富多彩的美食长廊。仅在中国一线，各种特色美食就数不胜数，此处简单介绍几种。

【肉夹馍】

肉夹馍为古汉语“肉夹于馍”的简称，是将腊汁肉和白吉馍两种食物巧妙组合起来食用，味美价廉，是西安驰名的风味食品、国内广受欢迎的名优传统小吃。

▲ 丝绸之路上的特色食品：肉夹馍

【兰州牛肉面】

兰州牛肉面具有“一清、二白、三红、四绿、五黄”的特征，色香味美，是兰州地区的传统美食，如今已被国家确定为中式三大快餐试点推广品种之一，获誉“中华第一面”。

【烤包子】

烤包子是我国维吾尔族喜爱的食品之一，一般在馕坑烤制。包子皮用死面擀薄，四边折合成方形。馅用羊肉丁、羊尾巴油丁、洋葱、孜然粉、精盐和胡椒粉等原料，加入少量水，拌匀而成。烤熟后皮色黄亮，入口皮脆肉嫩，味鲜油香。

【馕】

馕是新疆维吾尔自治区各族兄弟主要面食之一，已有2000多年的历史，因为具有易于制作、便于携带、久存不坏、适合旅途携带等特点，成了历代商旅行人的最佳选择。张骞凿通西域后，频繁的商业贸易活动使馕在内地一些地方得到普及。

名人名言

知者乐水，仁者乐山。

——（中国春秋时期儒家思想家·孔子）

时间：　　年　月　日

地点：

线路：

长度：　　千米

天气：

专家：

盖章处

领队/家长：

二 中国大运河

▲ 大运河畔的纤夫

古道简介

运河是一种人工开凿的通航河道，具有路程短、运费省、造价低、维护方便等诸多优点，还具备灌溉、分洪、排涝、给水等功能。几千年来，全世界50个国家（地区）所建造的运河数量多达500多条，著名的有苏伊士运河、巴拿马运河等。中国大运河沟通海河、黄河、淮河、长江、钱塘江五大水系，地跨北京、天津、河北、山东、江苏、浙江、河南和安徽8个省级行政区，是世界上规模最大、线路最长、延续时间最久，且至今仍在造福中华民族的伟大工程。

古道历史

2014年6月22日，两条著名的线性文化遗产——丝绸之路和中国大运河同时申遗成功。中国大运河可谓根正苗红，成为我国第46个世界遗产项目。整个项目包括京杭大运河、隋唐大运河及浙东运河，总长1011千米的河道，沿线杭州、北京等27个城市的58个节点。一直倾心N3040环球文化旅游带的笔者最近再观察地图，才突然意识到一个奇妙的事实：这条“水龙”的起讫点竟然正好是在地球最重要的北纬30度到北纬40度两条纬线上，并且恰恰跨越了整10个纬度。

中国大运河始建于公元前486年，已经延续2500余年的历史，主要经历过三次较大的兴建过程：

第一次是在公元前5世纪的春秋末期，吴王夫差为了争夺中原霸主地位开展军事运输而开始修建。当时的吴国“举锸如云”，大兴土木，开凿了胥溪、邗沟、黄沟三条运河，全长约170千米。

第二次是在公元7世纪初，隋炀帝迁都洛阳后，为了控制江南，使长江三角洲地区的丰富物资运往都城而进行的。在他之前，中国历代劳动人民已经开凿了大量运河河段，分布地区几乎遍及大半个中国。隋王朝对其开始疏浚，开通通济渠、邗沟、永济渠、江南运河等。此次建成的隋唐大运河南起杭州，北到北京，全长2700千米，纵贯当时中国最富饶的东南沿海和华北大平原，可谓古代南北交通的大动脉，在中国历史上产生过巨大的作用。

▲ 大运河北京段

第三次是在13世纪末元朝定都北京后，政治中心转移，忽必烈为了使南北相连，不再绕道洛阳，下令开凿了济州河、会通河、通惠河，通过裁弯取直，从北京到杭州缩短航程900多千米，改建成如今的京杭大运河。

古道线路

中国大运河沿途经过北京、天津、河北、山东、安徽、河南、江苏、浙江8个省级行政区。南北向浙江杭州至北京，东西向浙江宁波至河南洛阳，由通济渠段、卫河（永济渠）段、淮扬运河段、江南运河段、浙东运河段、通惠河段、北运河段、南运河段、会通河段、中河段10个始建于不同年代、处于不同地区、各自相对独立发展的河段组成。

古道撷珍

中国大运河列入《世界遗产名录》，并被世界遗产委员会认定的遗产点段，在长度1011千米的河道上，包括大运河河道遗产27段和遗产点58处（包括运河水工遗存、运河附属遗存、运河相关遗产）共计85个遗产要素。这些珍贵的文化遗产，可以通过参观各地运河博物馆或前往实地进行了解。

中国大运河沿途有多个博物馆，可根据自己情况参观了解，以下简单介绍其中四个。

【淮北市博物馆（隋唐大运河博物馆）】

该博物馆位于安徽省北部的淮北市新城区中心，占地40余亩，始建于1976年，是地方综合性博物馆。值得一提的是，我国著名古建专家、中国文物学会会长罗哲文先生亲自题写了“隋唐大运河博物馆”馆名，而著名考古学家、文学家、诗人郭沫若先生题写的馆名是“淮北市博物馆”。

【泗县隋唐大运河博物馆】

该博物馆位于安徽省东北部、黄淮海平原南端的泗县。它处于隋唐大运河北岸，分上下两层，建筑面积约3340平方米，是集文物陈列、科普教育、文化宣传功能于一体的运河主题博物馆。

【中国京杭大运河博物馆】

该博物馆位于浙江省杭州市拱墅区运河文化广场1号，毗邻大运河南端终点标志——拱宸桥，建筑面积一万余平方米，展览面积五千余平方米的。展馆分一个序厅和“大运河的开凿与变迁”“大运河的利用”“运河畔的城市”“运河文化”四个展厅等，收集、展出的上千件文物和史料，充分展示了大运河在中华民族发展历史中的地位和作用。

【扬州中国大运河博物馆】

该博物馆位于江苏省扬州市三湾，总建筑面积约8万平方米。主体由大运塔和博物馆两部分组成。展示面积约1.8万平方米，内设专题展览。专题展览计划以大运河发展变迁为时间轴，空间上涵盖大运河全流域，并重点展示大运河带给民众的美好生活。据悉，该馆将于2021年6月开馆。

中国大运河相关遗产包括相关古建筑群、历史文化街区两部分共12处。前者分别是扬州天宁寺行宫、个园、汪鲁门宅、盐宗庙、卢绍绪宅，济宁南旺分水龙王庙遗址；后者分别为清名桥历史文化街区、山塘历史文化街区、平江历史文化街区、杭州桥西历史文化街区、南浔历史文化街区、八字桥历史文化街区。这些地方各具当地特色、内容丰富，值得前去游历了解。

古道美食

中国大运河沿线有很多重要旅游城市，所以在游览河道的同时，还有机会品尝各种风味的美食。这里对其中三个城市的饮食做一些简单提示。

【北京】

首都北京这个城市既有自己传统的美食特色，也包罗万象

▲ 北京特色食品——炸酱面

地拥有全国各地的美食资源。在参观运河时，建议在鼓楼、什刹海附近品尝传统的特色美味，不可错过的有烤鸭、炸酱面、爆肚、卤煮、炒肝、面茶、豆汁儿/焦圈、豌豆黄、驴打滚，还可以加一串糖葫芦。

【扬州】

人们在扬州可以品味“舌尖上的大运河”，如卢氏古宅（淮扬菜博物馆）、趣园、街南书屋、冶春、淮食·禧狮楼、陈记菜、扬州宴的扬州炒饭、盐水鹅、酱菜、狮子头、文思豆腐、松鼠鳜鱼、五丁包子等。

【杭州】

片儿川面、西湖醋鱼、龙井虾仁、虾爆鳝面、宋嫂鱼羹、杭州小鸡酥、西湖莼菜汤（又称鸡火莼菜汤）、定胜糕、干炸响铃、叫化童鸡等被誉为杭州十大特色美食小吃。据说吃过5种以上才算真正的吃货，您有达到这个标准吗？

名人名言

天朗气清，惠风和畅，仰观宇宙之大，俯察品类之盛，所以游目畅怀，足以极视听之娱。

——（中国晋代书法家）王羲之

盖章处

时间：　　　年　　月　　日

地点：

线路：

长度：　　　　　千米

天气：

专家：

领队/家长：

三 茶马古道

古道简介

主要生活在青藏高原上的藏族，传统上过着“逐水草而居”的游牧生活。因为环境特殊，农作物较少，所以他们的主要食物多为热量较高的牛羊肉及乳制品，而喝茶可以帮助消化、防止燥热、补充植物营养等，即所谓“以其腥肉之食，非茶不消；青稞之热，非茶不解”。他们对茶的依赖，可以用一句藏族谚语反映出来：“加察热！加霞热！加梭热！”（意思就是“茶是血！茶是肉！茶是命！”），所以自古至今藏族都有喝酥油茶等的高原生活习惯。藏族聚居区有很多牛羊和良马，而茶叶主要产在云南等地，内地民间和军队征战需要大量的骡马，藏族聚居区需要茶叶、布匹、盐和日用器皿等生活必需品，这种互补性的关系形成具有特色的“茶马互市”，因此也就成就了这条

▲ 茶马古道上的盛装骑手

在高山深谷间南来北往、流动不息的“茶马古道”。

古道历史

茶马古道的历史可以上溯到1300年前。西藏的茶，据说是文成公主作为嫁妆带入的。松赞干布时期，吐蕃就开始了与唐朝之间的茶马贸易。

《藏汉史集》记载松赞干布之曾孙都松芒波杰说：“在我患病期间不思饮食，只有饮用小鸟衔来的这根树枝泡的水比较奇妙。它能养身，是一种治病良药。”从这段话中我们还可以看出：茶因为其神奇功效，在传入藏族地区后，同时是被当作保健药物使用的。

宋朝时，更开辟了多条通往藏族聚居区的“边茶古道”，并相继在今四川雅安市、汉源县、天全县等地设立“茶马互市”。

从清初开始，纳西族地区与邻近藏族聚居区的物资贸易十分兴盛。清嘉庆年间，赶着马帮前往西藏做生意的“藏客”崛起，发展起各种商号。据统计，到抗日战争时期，仅在丽江茶马古道上做生意的大

▲ 茶马古道上的一个段落

小商户竟达1200家。

如今，茶马古道的主线已经被公路所代替，但是过往山区的不少小路还存在，且仍有马队活动，执行着传承下来的使命。

古道线路

茶马古道的线路主要有川藏、滇藏两条。川藏道南线从四川雅安出发，经泸定、康定、巴塘、昌都到西藏拉萨，再到尼泊尔、印度等，国内路线全长3100多千米；北线从康定向北，经道孚、炉霍、甘孜、德格、江达，抵达昌都，再由昌都通往西藏拉萨等地（还有一条被称为大北线的，此处略去不表）。滇藏道有三条线，主要是从云南普洱茶原产地（今西双版纳、思茅等地）出发，经大理、丽江、中甸、德钦，到西藏邦达、察隅，或昌都、洛隆、工布江达、拉萨，然后再经江孜、亚东，分别到缅甸、尼泊尔、印度等国，国内路线全长大约3800多千米。另外，唐蕃古道等历史上也有“茶马互市”存在。而在两条主线的沿途，密密麻麻分布着无数大大小小的支线，用茶马贸易将滇、藏、川各地域的人民紧密联结在一起。

古道撷珍

青藏高原被称作“世界屋脊”和“地球第三极”，是世界上海拔最高的高原。茶马古道几乎横穿整个高原地区，是我们所生活的星球（也是北纬三十度环球文化旅游带上）地势最高、路途最艰险、文化最神秘、历史最悠久、自然风光最壮观的贸易通道，蕴藏着开发不尽的文化遗产。

【海拔最高的古道】

世界屋脊高海拔氧气稀薄造成的高原反应严重威胁着历史上缺医少药的行路者的生命安全，高落差造成的特殊地形和气候给行旅带来诸多困难。清朝焦应旂的《藏程纪略》记载：“坚冰滑雪，万仞崇岗，如银光一片。俯首下视，神昏心悸，毛骨悚然，令人欲死……是诚有生未历之境，未尝之苦也。”这种情况到现在依然存在，笔者曾经多次体验过沿途一日四季（一天之中经历炎热、下雨、大雪、冰雹和大风等）的奇景和考验，真是叫苦不迭。不过，想想古人运送大量物资时同样要经历这些，心中又是敬佩不已。

【路途最艰险的古道】

茶马古道所穿越的青藏高原东缘横断山脉地区，高峰耸云、山路崎岖、河流湍急，雪崩、泥石流多有发生，是世界公认地形最复杂和最独特的高山峡谷地区。古人描绘这条路：“全长约四千七百华里，所过驿站五十有六，渡主凡五十一次，渡绳桥十五，渡铁桥十，越山七十八处，越海拔九千尺以上之高山十一，越五千尺以上之高山二十又七，全程非三、四个月的时间不能到达。”民谚曰：“正二三，雪封山；四五六，淋得哭；七八九，稍好走；十冬腊，学狗爬。”所以茶马古道行路之难，的确是难于上青天。但是千百年来，茶叶等物资就是通过这样艰险的道路，依靠人背畜驮的方法，历尽千辛万苦运往藏族聚居区各地。所以茶马古道被称为世界上通行难度最大的古代商贸通道。

【文化最神秘的古道】

茶马古道穿越的地区，是南亚板块与东亚板块挤压所形成的极典型的地球皱褶地区，地形异常复杂，尤其岷江、大渡河、雅砻江、金沙江、澜沧江、怒江六条大江造就了世界上最独特的高山峡谷地貌。高山深谷，交通不便，阻隔了居住者和外界的交流，使得这里“五里不同音，十里不同俗”，形成沿途文化的多样性，沉淀和保留了许多丰富的原生态民族文化。我遇到过保留着民族传统特点的摩梭人，在据说会给客人下蛊的门巴族人家里喝酒，还曾居住在善于制作武器和打猎的珞巴族人家中住宿。藏族英雄史诗《格萨尔》中所言：“汉地的货物运到博（藏区），是我们这里不产这些东西吗？不是的，不过是要把藏汉两地人民的心连在一起罢了。”这条道路把多彩的文化串联起来，让各民族友好相处。在这个西部文化原生形态保留最好、最多姿多彩的一条民族文化走廊行走，仿佛在时光隧道中穿梭，在多彩时空中迷失。

【自然风光最壮观的古道】

茶马古道拥有川藏、滇藏两条非常著名的景观大道。这一路，有中国历史文化名城之一、世界文化遗产丽江古城，有刀削斧劈而成的玉龙雪山，有鸟都不敢飞越、老虎却能一跳而过的虎跳峡，还有传说中的香格里拉，翻越“白茫雪山”，走过德钦县可以看到藏区八大神山之首的雄性神山——梅里雪山全景。这里有“雪山之神”卡瓦格博为首的太子十二峰，有中日联合登山队的悲壮故事。这里的高山雪峰、峡谷险滩、林海雪原、冰蚀湖泊、草甸花甸、丰富的珍稀动植物美不胜收。这还不够，接下来还会看到中国最美的雪峰——南迦巴瓦峰，高原湖泊巴松错、然乌湖，偶遇甘丹寺、尼姑寺和苯教、红教的小寺，伴行雅鲁藏布江，帕隆藏布大峡谷，享受通麦、盐井的温泉等。这条古道是北纬三十度金腰带上美丽的精华段落之一。

▲ 茶马古道上的梅里雪山

古道美食

【酥油茶】

第一次接触到酥油的人很多会不习惯其特殊的气味，然而酥油茶是中国藏族地区最主要的饮料。当地民众将这种用酥油和浓茶加工而成的饮品与糌粑一起食用。据当地百姓多年实践证明，酥油茶可以治高原反应，并可预防因天气干燥而嘴唇爆裂，还能起到很好的御寒作用。旅行者饮用的感受往往是第一口异味难耐，第二口淳香流芳，第三口永世不忘。

▲ 酥油茶

【甜茶】

藏族群众除了喝酥油茶外，还喝甜茶。初到藏族聚居区的游客对甜茶特别容易接受和欢迎。当地人调制甜茶过程是：先把红茶沏出的茶水装到铜壶里，放入白糖和鲜牛奶，搅拌均匀后加热，然后大家一起饮用。大家围着燃烧牛粪的炉子，一边喝着甜茶，一边吃着各种美食，欢快地交谈。这种独特的风味和文化魅力，一直让笔者魂牵梦萦。

【藏香猪】

藏香猪又名“人参猪”“蕨麻猪”“琵琶猪”等，因存在于川西高原、云南、西藏、甘肃甘南和岷县等藏族聚居区而得名。据说这种猪“喝泉水、吃山珍”长大，具有肉品中氨基酸含量最高、微量元素最高、脂肪含量最低、猪肠最长、猪皮最薄、鬃毛最长等特点，因而成为价格不菲的山珍。笔者见过这种长不太大的古老畜种在茶马古道上活动，也吃过不少次，但是过于商业化后总是怀疑自己上当受骗了。

【鲁朗石锅鸡】

鲁朗石锅鸡几乎成了川藏线上所有游客必吃的特色美味，如今在西藏乃至全国都非常有名。笔者徒步墨脱时看到过地道的石锅，但是犹豫再三后没有背一口出来。据说当地制作石锅鸡需要在村民手中买来藏香鸡，并辅以党参等滋补性药材慢火炖制，因而肉质鲜美，同时价格不菲。

名人名言

步步寻往迹，有处特依依。

——（中国东晋田园诗人）陶渊明

时间：　　　年　月　日

地点：

线路：

长度：　　　　千米

天气：

专家：

盖章处

领队/家长：

四 茶叶之路

古道简介

作为“一带一路”的重要组成部分，这条开通300余年的著名亚欧商道，始于福建武夷山、湖南安化等地，途经福建、湖南、湖北、河南、河北、内蒙古等省、自治区，经停蒙古国首都乌兰巴托，再抵蒙俄边境的通商口岸恰克图，穿过俄罗斯伊尔库茨克、奥伦堡、莫斯科，最终抵达圣彼得堡。因其全长1.3万千米，又以茶叶贸易开通兴起，所以在被称为“茶叶之路”的同时还有“万里茶路”“万里茶道”的称呼。茶叶之路是与汉唐“丝绸之路”、宋元“海上丝绸之路”齐名的国际大通道，也是一条著名的黄金文化旅游线路。

▲ 武夷山是茶叶之路起点之一

古道历史

内蒙古自治区茶叶之路研究会会长邓九刚曾经打了个比喻，说丝绸之路是浪漫的，茶叶之路是现实的。他指出：其实除了现实的特征之外，茶叶之路还是一条实实在在的财富之路。这条延续了整整两个半世纪的国际商道，是一条流金溢银的财富大道。靠着它的滋养，贫弱的俄罗斯迅速崛起。它曾经让无数西伯利亚的原住民从茹毛饮血的原始状态中解放出来，放下手中的猎枪和鱼叉，变成买卖人……让俄罗斯商人、晋商腰缠万贯。

中国的中原地区与周边民族和国家茶马互市的雏形，可追溯到南北朝时期。北宋太平兴国二年（977年），北宋与辽签订茶马互市盟约，茶叶之路拓展到蒙古高原和中亚地区。

1654年，俄国公使巴伊科夫同清政府北京贸易谈判中，购买了中国茶叶带回国。

1674年，莫斯科已有茶叶售卖。

1689年，中俄签订了《尼布楚条约》，确定两国之间开展茶叶贸易。

1692年3月3日，富有进取精神与改革精神的俄罗斯彼得大帝向中国的康熙王朝派遣出第一支著名的商队。这支商队由丹麦人伊台斯带领，队伍中有几国商人、100名士兵和175峰骆驼。11月3日，他们到达北京。1695年2月1日返回莫斯科。伊台斯商队从此载入史册。

因贩运茶叶有着巨额利润，晋商开辟了从汉口—襄阳—晋中—张家口—乌兰巴托—恰克图的茶叶贸易路线，形成了“万里茶路”的格局。黑龙江也不甘寂寞，打造北京—齐齐哈尔—

嫩江的“万里茶路”支路。在俄罗斯海运的挤压下，徽州茶商崛起并夺得北方茶叶之路。他们以杭州、苏州及上海为据点，以安徽屯溪为茶叶集散地，将徽茶转运各地。

2013年3月23日，国家主席习近平在莫斯科国际关系学院发表演讲，指出中俄两国的能源合作不断深化。继17世纪的“万里茶道”之后，中俄油气管道成为联通两国新的“世纪动脉”。[①]

2018年11月8日，中蒙俄三国万里茶道申遗工作协调会在武汉举行。这是就万里茶道申遗召开的首次会议，标志着万里茶道跨国申遗迈出重要一步。

古道线路

专业机构曾梳理出福建武夷山下梅村，江西上饶铅山，湖南益阳安化，湖北咸宁羊楼洞、武汉汉口、天门、襄阳，河南南阳社旗，山西晋城、晋中榆次区、晋中祁县，河北张家口，内蒙古呼和浩特、二连浩特，蒙古国乌兰巴托，俄罗斯恰克图、伊尔库茨克、新西伯利亚、叶卡捷琳堡、喀山、莫斯科、圣彼得堡等22个茶叶之路节点。旅游线路确定中国段为：武夷山（福建）—九江（江西）—长沙（湖南）—武汉（湖北）—社旗（河南）—晋中（山西）—张家口（河北）—呼和浩特

① 《习近平在莫斯科国际关系学院的演讲（全文）》，人民网，2013年03月23日，http://politics.people.com.cn/n/2013/0324/c1024-20892661.html

（内蒙古）—二连浩特（内蒙古）；蒙古国段为：扎门乌德—赛音山达—乌兰巴托；俄罗斯段为：恰克图—乌兰乌德—伊尔库茨克—莫斯科—圣彼得堡。

200多年前，晋商到下梅村购买武夷岩茶一路北上；茶路是从江西铅山河口镇经水路到达汉口；安化是黑茶的故乡；茶商是从鄂南羊楼洞（俄国人开辟的茶叶集散地）用独轮车运茶抵新店装船，出大江至汉口；汉口东方茶港汇聚天下名茶。这些地方几乎都树立了“万里茶道起点”的碑刻。后经专家论证确定：万里茶道是一条多起点、多终点，在不同时期先后兴起，呈网状分布的商贸与人文交流通道。同时也默认了各家的自认龙头的宣传行为。而万里茶道流通多年的中国重要国都北京，则表现大度，始终没有置身其中。

2017年5月16日，中国、蒙古、俄罗斯三国在山西晋中平遥古城共同发布《万里茶道旅游地图》，寄希望用旅游产业促进国际合作和经济发展。

古道撷珍

【武夷山岩茶】

武夷岩茶是产于福建闽北武夷山一带的乌龙茶，为中国传统名茶。最著名的武夷岩茶是大红袍茶。

武夷岩茶属半发酵的青茶，制作方法介于绿茶与红茶之间，具有绿茶之清香、红茶之甘醇，是中国乌龙茶中之极品。武夷岩茶历史悠久，史料记载唐代就成为民间馈赠佳品，宋、元时期被列为“贡品”。

【安化黑茶】

黑茶是我国六大基本茶类之一，属于后发酵茶，主要产品以茯砖、黑砖、花砖、青砖、湘尖等为主。

安化黑茶为湖南益阳安化县特产，是中国黑茶的始祖，主要品种有“三尖”“三砖”“一卷”。三尖茶又称为湘尖茶，指天尖、贡尖、生尖；“三砖”指茯砖、黑砖和花砖；“一卷”是指花卷茶，现统称安化千两茶。安化黑茶在唐代曾被列为朝廷贡品，至16世纪末期，已位居中国领先地位，明代万历年间被定为官茶，远销西北等地区。

▲ 安化黑茶

【青砖茶】

《中国茶叶大辞典》载青砖茶：“以老青茶为原料，经筛分、压制、干燥制成。长方砖形，色泽青褐，香气纯正，滋味尚浓无青气，汤色红黄尚明，叶底暗黑粗老。”

青砖茶原产地为素有“砖茶之乡”美誉的赤壁市赵李桥羊

楼洞古镇，所以又名为“洞茶”。当地以特殊工艺脚踩制成圆柱形状的“帽盒茶”，后为满足长途运输和储存需要，进一步改制为长方形砖状，故称“砖茶”。

【古村镇】

闻名遐迩的下梅村建于隋朝，位于武夷山市东部，距武夷山风景区8千米，现住居民500户，是中国历史文化名村。下梅村蕴藏着丰厚的人文景观资源，现留有清代古民居建筑30多座。其中邹氏大夫第后花园小樊川的一堵双面镂空雕刻花墙，是目前中国建筑史上最为精美、保持最为完整、面积最大的砖雕结构。

羊楼洞作为中俄万里茶道重要源头之一，明清时是一个拥有4万余人的国际名镇，茶庄最多时达到400余家。古镇尚存一条完好的青石铺路的主街，横贯南北；青山绿水之间，隐藏着观音泉、凉阴泉和石人泉三股泉眼，正如汉字中的“川”字，造就著名砖茶“川”字标。少数民族群众在购买时只须用三个手指一摸，就能认定是否正宗的“川”字好茶。

【古码头】

万里茶道上的物流，靠的是人挑船载马驮，其中船载水运是最省力、最便宜的运输方式。而水运码头是商道上各路货物集散的枢纽，至今留下很多遗迹。万里茶道水运码头众多，其中景龙码头、潘河码头、襄阳码头等十多座保存较好，非常值得去探访。

▲ 茶叶之路上古码头

古道美食

茶叶之路道路漫长，涉及三国多个重要地区，沿途饮食结构非常复杂。其中，不少中华美食，在分段落的古道中有介绍，而俄罗斯餐饮在成吉思汗古道中也有提到。因此，在这里我们重点介绍一下茶叶之路涉及重要城市大同的美食。大同与我们古道中西口古道、张库大道、恒山古道、茶叶之路、草原丝绸之路关联很深。作为一座承载了多民族融合、文化碰撞的历史名城，大同多元的文化结构造就了一大批具有鲜明地域特色的美食佳肴，以注重健康、博大包容的晋北风格形成独具特色的大同味道。

【北魏皇家全鹿宴】

中国的鹿文化源远流长。以鹿入宴，在北魏尤盛，清代更蔓延到宫殿、神坛和草棚。食鹿大补虚损、壮阳益精。鹿全身可入药，其中鹿肉高蛋白、低脂肪、低胆固醇，是温补上品。北魏全鹿宴，于2018年斩获“中国十大主题名宴”荣誉。如今，全鹿宴承袭拓跋氏狩猎遗风与汉民族福禄文化，成为大同北魏食文化的经典载体。

【三羊开泰】

三羊开泰是大同美食融合特色的经典代表。这道美食集羊杂、羊蝎子、手把肉于一锅。羊杂是大同地域名食，汤色红亮，香味扑鼻；羊蝎子肉香嫩不腻，骨多髓不滑，汤浓香不膻；手把肉肉质鲜嫩，原汁原味。三味菜品入巨型羊头铜锅，寓意吉祥，粗犷之风顿现。

【百花烧麦】

明代起，大同烧麦声名远播。百花烧麦取鸡、鸭、鱼、肉、牛、羊、猪、兔、鹿9种肉馅，馅内浇以相应花形的果汁，制成牡丹、芍药、秋菊等9种花形，食用起来满口生香，鲜而不腻。如今，百花烧麦伴随“游龙戏凤”传说和京剧为世人所知，从传统过年过节或大同人招待贵客的尚品，到今天成为大同旅游美食名片，是游客来到大同必点的美食之一。

名人名言

夫天地者，万物之逆旅也；光阴者，百代之过客也。而浮生若梦，为欢几何？古人秉烛夜游，良有以也。

——（中国唐代著名诗人）李白

时间: 年 月 日

地点:

线路:

长度: 千米

天气:

专家:

盖章处

领队/家长:

五 徐霞客古道

古道简介

▲ 古道上的徐霞客石像

徐霞客古道又称“霞客古道”，原特指《徐霞客游记》中所述之宁海至天台府的行经路线，主要位于浙江宁海县岔路镇、桑洲镇、黄坛镇、跃龙街道等地。现在保持原貌的大约有数十千米，保留了很多名胜古迹，颇受喜欢文化旅行的户外爱好者青睐。如今，徐霞客古道概念进一步延伸，扩展到400年前徐霞客考察过的所有路径。据资料记载，广义的徐霞客古道涵盖了中国东部和西南部地区的许多重要地点，沿途风光无限，很多著名景区的古石板路保存完好，值得徒步驴友重走体验。

古道历史

徐霞客是中国古代著名的地理学家和旅行家。明万历十四年十一月二十七日（1587年1月5日），他出身在南直隶江阴（今江苏江阴市）一个没落士绅家庭。《徐霞客游记》开篇中写道："癸丑之三月晦，自宁海出西门。云散日朗，人意山光，俱有喜态。"也就是说，游圣从万历四十一年三月三十日（1613年5月19日）开启了长达30余年游历旅程。

徐霞客从22岁游历太湖开始，16次出游。其一生旅行分为两个阶段：第一阶段是51岁以前，考察目标主要是中国东部以五岳为中心的名山大川，起止点在他的家乡江苏江阴市；第二阶段是51岁开始，用4年左右的时间所进行的西南万里行，从他的家乡江阴出发，经过江苏、浙江、江西、湖南、广西、贵州等，最后到达云南大理市宾川县鸡足山。这是徐霞客最有成果和意义的一次旅行，得到史学家的充分肯定。

徐霞客"驰骛数万里，踯躅三十年"，"东渡普陀，北历燕翼，南涉闽粤，西北直攀太华之巅，西南远达云贵边陲"。和其他行走江湖的人士不同，虽然路途遥远而艰辛，但是徐霞客在跋涉一天之后，无论身体多么疲劳，晚间无论是露宿街头还是栖身破庙，都能坚持把自己考察的收获记录下来，最终著就《徐霞客游记》留存于世。

更难能可贵的是，徐霞客虽然连童子试都未能考取，但是他"欲尽绘天下名山胜水为通志"。他的游记详细记录了沿途矿业、农业、交通运输、商业贸易、城镇聚落、少数民族、各地民情风俗等人文地理内容，还纠正了地理文献中不少错误。

60万字描绘中国大好河山的作品文字优美，不但是系统考察中国地貌地质的开山之作，还是享誉文坛的文学佳作，在地理学和文学上都有着重要的价值，被定位为中国最有影响力的20部著作之一。

纵观徐霞客旅行生涯，他离开生养之地江阴老家，足迹留于北京、河北、山东、河南、江苏、浙江、福建、山西、江西、湖南、广西、云南、贵州等21个省（区、市），所涉及县市和名山数不胜数。比如在国务院批准的第一批44处重点风景名胜区中，就有25处留有他的足迹。2011年4月10日，国务院正式批复，同意自2011年起，每年的5月19日即《徐霞客游记》开篇日为“中国旅游日”。浙江宁海县有识之士的先见之明与当地政府的重视程度，为全国各地古道工作树立了榜样。之后他们一边喊响“天下旅游·宁海开游”口号，一边向徐霞客旅行线上的城市发出倡议，就“徐霞客游线”申报“世界线性文化遗产”，共同向国家文物局中国世界遗产专家委员会提出申请。

▲ 徐霞客古道

古道线路

徐霞客古道，是在《徐霞客游记》的特殊文化价值基础上提出的文化概念，是中国国际线性文化遗产网络构建课题研究中，唯一一条以个人行为形成的且获得专家认可的线路。

徐霞客的的行迹多见于山川，又有游记可循，所以徐霞客古道应该有很多路段。但是宁海捷足先登，将《徐霞客游记》所述古代宁海通往天台的要道，即途径宁海西门、梁皇古驿站、水母溪、松门岭、筋竹庵、弥陀庵的50多千米道路定义为徐霞客古道。徐霞客曾三入天台，并前后留下了两篇天台山游记，而这条古道基本上是沿第一次出行天台线路展开的。

古道撷珍

在狭义的徐霞客古道线路上，以下地点值得特别关注。

【西门】

▲ 西门

宁海西门，史称“登台门”，意为由此登上去台州、天台山之路。宁海古城墙于明初嘉靖三十一年

（1552年）十月动工，共筑成了周围长1541丈、高2.1丈、厚1.8丈及有5个城门城楼和一个水门的城墙。城墙顶还砌有城堞、女墙及48处窝铺，上铺有方砖，可并行四匹马。因西门见于《徐霞客游记》开篇词，2010年1月宁海正式启动重建工程，并于5月正式使用。

【梁皇山】

梁皇山，主峰海拔768.2米，位于宁海县前童镇境内，原名“桐柏山”，因传南北朝时期梁宣帝为避侯景之乱曾隐居至此而得名。此山山势险峻，风景旖旎，自宋代起即为江南名山之一。不少古今文人墨客曾在此留下诗篇和足迹。徐霞客曾盛赞梁皇山景色为“峰荣水映，木秀石奇”。山上建有梁皇寺（原名崇福寺），清同治十一年（1872年）改为“拱台书院”。

【前童古镇】

前童古镇位于宁海县西南，始建于宋末，盛于明清，至今仍保存有1300多间各式古建民居，面积68平方千米。曾被命名为浙江省历史文化名镇和浙江省旅游城镇，是一座历史悠久、文化积淀深厚、地理环境独特的江南古镇。其以民居布局奇特、明清古建筑保存完整而蜚声遐迩。

【十里红妆博物馆】

宁海“十里红妆”博物馆是一家由政府提供馆舍，民间收藏家何晓道先生提供展品，展示古代女子生活的专题博物馆，也是浙江省内规模最大的民间民俗博物馆。博物馆展出明清江南富家小姐生活、习俗有关的家具、器物多件，是集保护、展示、研究、旅游于一体的文化景点。

【天台山】

天台山位于浙江中东部天台县城北，地处宁波、绍兴、金华、温州四市的交界地带，海拔1098米，国家AAAAA级旅游景区，国家级风景名胜区，中华十大名山之一，国家生态旅游示范区，浙江省十大旅游胜地。以“佛宗道源、山水神秀”享誉海内外，是中国佛教天台宗和道教南宗的发祥地，相传为活佛济公的故里。徐霞客曾三上天台山。

古道美食

徐霞客古道涉及二十余个省份，颇多名山大川，饮食各具特色。以浙江宁海为例，此处依山傍海，由于食材丰富、制作精良，美食令人印象深刻。

▲ 徐霞客古道上的特色美食

【前童三宝】

前童三宝即前童古镇的三种特色小吃，分别为老豆腐、空心豆腐和香干。前童人制作豆制品历史悠久、工艺独特。好吃的豆制品还有前童千张等，口味比较特殊。

【麦焦筒】

麦焦筒为宁海著名的特色地方小吃，是把麦粉调成稀薄而不失其粘性的糊状，用手把它放在锅子里拖拉成圆形筒状的薄饼，里边裹上各种菜肴食用。麦焦筒在宁海相传为济公所创，在台州则认为是因纪念戚继光而做的。

【垂面】

垂面，宁海人又称箸面，做工复杂，须历经揉面、盘面、抻面等多道工序，放入肉丝、青菜，沾上酱油，可谓色、香、味俱全，是当地著名面食。

【长街蛏子】

宁海县蛏子的养殖历史悠久，并以长街的下洋涂出产的蛏子最为有名。其肉质富有弹性且结实，据说每年的清明前后味道最为鲜美。

名人名言

宁向西方一步死，也绝不向后一步生。

——（中国唐代著名高僧、旅行家）玄奘

盖章处

时间：　　年　月　日

地点：

线路：

长度：　　千米

天气：

专家：

领队/家长：

六 蜀道（金牛蜀道）

古道简介

▲ 金牛道上著名的剑门关

古蜀道以路途艰险和历史文化资源丰富而名闻天下。其中，金牛道作为古代穿越巴山、沟通秦蜀的要道，是这个繁杂体系中的主干线。关于金牛古道的具体走向和长度有多种说法，且各有各的道理。如果不是很专业的考古研究，那么关注网络等资料中全长450千米的“剑门蜀道”是一个很好的了解途径。现如今，金牛道的交通功能已被川陕公路和宝成铁路等所替代，沿途的青石板路也被肢解得七零八落。不过，令人欣慰的是崇山峻岭之间依旧有一些保存相对完整的古道，以及沿途近万棵古老的柏树。

古道历史

西汉文学家杨雄所著的《蜀王本纪》中记述，春秋战国时，渭河流域的秦人意欲称霸，并吞蜀国。秦王苦于秦巴大山阻隔，说要送给蜀王五头能拉金块的石牛，蜀王便调五名大力士凿关开道迎接石牛，最终却迎来秦军灭国，于是有了这条金牛道和陕西的五丁关。值得一提的是，这段据说建于公元前316年之前（战国晚期）的道路，竟然是中国古代交通史上最早栈道的一部分。

秦始皇统一中国后，下令修建以咸阳为中心通达全国的驰道，“道宽五十步，三丈而树”。他在道路两旁种植柏树，据说有指示路标、计算里程、防护路基、储备木材的目的，当然还有为行路人遮阳避暑的便利。另一说，秦始皇为了修建阿房宫，几乎用光了蜀中的树木，因此杜牧在《阿房宫赋》有了“蜀山兀，阿房出”的说法。为了补救，始皇帝下诏“补植还树”，所植的柏树被称为“皇柏”。现在金牛道沿线有不少胸径在2米以上，树龄在两千多年的古柏，正好佐证了这个说法。而沿途遍布这些古树的几十千米道路，亦有了“皇柏大道”的美誉。

金牛道，自秦汉以来都是自关中入蜀的官驿大道。

历史上蜀道最引关注的时段在三国时期。蜀名将张飞（？—221年）离世已经1800年，但是金牛道上处处是他的传说。蜀地是张飞的福地，他的很多辉煌植根于此。而此地对他最大的纪念，则是老百姓将前面所提过的沿途古今积累的超过十万棵柏树，亲切地称为“张飞柏”。很多当地人认为，这些

▲ 皇柏守护着金牛古道

珍贵的活化石，都是这个莽撞人所栽种。分析张飞当时植树的主要目的，从战略上考虑，是标注古道的走向，使兵士们不至于迷失在大山中。实际上从传说秦始皇下旨栽种，到明朝剑阁知州李璧沿途补栽，金牛道历史上前后历经七次植树，并且历代都设有专人护卫。古代官吏沿途曾立碑示警——砍树即砍头！现如今当地政府大力提倡植树之余，还制定了《四川省古树名木保护条例》，对包括金牛道柏树在内的古树进行保护。

三国魏蜀拉锯战中，位于咽喉位置的大剑山（剑门山）易守难攻。诸葛亮于是在大小剑山之间架筑飞梁阁道，成就今日剑阁，并依崖砌石为门，剑门关由此而来，金牛道之后亦被称为剑阁道。其身后蜀国大将姜维镇守此关，魏将邓艾兵行险着，率领两千精兵从阴平道偷袭，一举灭掉蜀国，结束了三国时代。

进入唐朝，连接关中、汉中、成都平原的金牛道上名士穿梭。安史之乱时，唐玄宗于马嵬驿处死杨贵妃，心灰意冷沿此道避难。黄巢起义后，唐僖宗又循此路逃往四川。

淳祐元年（1241年），南宋名将余玠出任四川安抚制置使、四川总领兼夔州路转运使，抗击蒙古大军。他亲自率军从金牛道北上，烧毁汉中至大散关的栈道等，奋力支撑南宋王朝的半壁河山。

明末张献忠入川，在梓潼（今四川绵阳梓潼县境内）设伏兵大败明朝兵部尚书杨嗣昌。“梓潼一战，累骨如山，十三省大军，丧歼殆尽”，并奉文昌帝张亚子为“始祖高皇帝”，敕封文昌宫为“太庙”，留下一座张献忠墓，令世人唏嘘。

1935年，李先念指挥所部红军一路强渡嘉陵江，迂回后关门，奇袭营盘嘴，拿下剑门关。而之前的冷兵器时代，几乎从来没有哪支部队正面攻克过剑门关。

古道线路

蜀道的申遗促进了其历史考证工作，但是历经多个朝代的金牛道等，许多工作还在进行当中，所以很多方面尚未形成定论。专家多把从陕西汉中出发，一路西行经勉县等过五丁关，然后到宁强县，再转西南，经牢固关、黄坝驿、七盘关等进入四川地界棋盘关，之后依次过神宣驿、龙门阁、明月峡、五里峡，沿嘉陵江上飞阁栈道经朝天峡、飞仙关、千佛崖入广元，再南渡嘉陵江至昭化，经葭萌关、牛头山，过剑门关，转梓潼大庙，经涪城，先后过鹿头关、白马关、旌阳驿、金雁驿、两女驿、天回驿，到达成都金牛坝的600千米作为金牛道的标准线路。资料显示金牛道另有一种走法，即从陕西汉中宁强县大安镇烈金坝村经代家坝、阳平关、广坪河至金山寺青岩子入川，去白水（今名沙洲）至昭化再与主线重合。笔者曾实地考察后一线路，发现沿途遗存极少，且交通不便，所以只能将相关工作推后。

笔者多次踏上金牛道考察，感叹这里足以与世界各顶级徒步线路相媲美的资源之余，发觉其沿途的数千棵化石级古柏，正好起的是西方圣地亚哥朝圣之路沿途碑牌中贝壳的指向作用。更加奇妙的是，古代几千年前已形成的从汉中到成都的金牛道的实际走向，竟然与当今著名的胡焕庸线在地面上的投影几乎是并肩而行的。北纬三十度上的神奇，或许将成就当今一条吸引全球户外旅行者目光的东方文化线路。

古道撷珍

【三星堆遗址】

三星堆遗址位于四川广汉市西北的鸭子河南岸，距省会成都40千米。遗址年代上起新石器时代晚期，下至商末周初，上下延续近2000年，是迄今在中国西南地区发现的范围最大、延续时间最长、文化内涵最丰富的古城、古国、古蜀文化遗址。三星堆的发现将古蜀国的历史推前到5000年前，证明了长江流域与黄河流域一样是中华民族的发祥地。

【剑门蜀道风景区】

地处四川广元市剑阁县北部的剑门蜀道风景区，总规划面积84平方千米，核心区面积6平方千米，由剑门关、翠云廊两个紧邻的国家AAAAA级旅游景区组成，是四川大九寨环线的重要节点和蜀道三国文化精品旅游线路的支撑中心。其中剑门关位于景区中段，是蜀道上最重要的关隘。进入关内长约500米的幽深峡谷中，可见前人留下的“天下雄关”“第一关”“剑阁七十二峰”等碑刻。翠云廊是古蜀道上从剑门关到剑阁县城一段的美称，沿途有古称“皇柏”“张飞柏”的古柏8000余株。

▲ 剑门蜀道风景区

【阆中古城】

中国四大古城之一的阆中古城，位于四川盆地东北缘、嘉陵江中游，是国家AAAAA级旅游景区。它不仅是金牛道上拥有2300年历史的千年古县，而且还是中国春节文化之乡。在这座古代巴蜀军事重镇中，有张飞庙、永安寺、五龙庙、滕王阁、观音寺、巴巴寺、大佛寺、川北道贡院8处全国重点文物保护单位；还有邵家湾墓群、文笔塔、石室观摩崖造像、雷神洞摩崖造像、牛王洞摩崖造像、红四方面军总政治部旧址、华光楼、阆中文庙等22处省级文物保护单位。

【昭化古城】

金牛道上的昭化古城，拥有2200多年连续建县史，是国内保存完好的唯一一座古代县城城邑，是中国建制的活化石。作为迄今为止国内保存完好的唯一一座三国古城，昭化古城曾获全国环境优美乡镇、国家历史文化名镇、国家AAAA级旅游景区等殊荣。它位于国家级风景名胜区剑门蜀道风景名胜区中，同时是全国重点文物保护单位剑门蜀道遗址群的重要组成部分。昭化古城位于白龙江、嘉陵江、清江三江交汇处，古城风貌依旧，历史文化底蕴丰厚，素有“巴蜀第一县，蜀国第二都”之称。

古道美食

▲ 剑门豆腐是金牛道上著名食品

金牛古道总长超过600千米，跨越陕西、四川两个美食大省，特色美食极多。更多的内容，我们将在介绍嘉陵古道等相关文化线路的时候分别介绍，此处忍痛一笔带过。

【剑门豆腐】

在金牛道上，可听到“不吃剑门豆腐，枉游天下雄关”之说。出剑门关到古镇上，到处是豆腐宴的招牌。剑门豆腐宴以入选中国国家地理标志保护产品的地方特产剑门豆腐为主材，据说包括200多个品种的主题菜肴，深受旅行者的欢迎。

【蒸凉面】

著名的广元蒸凉面，是四川广元地区汉族传统小吃之一，外形和陕西凉皮近似，但是其原材料为大米而不是面粉，加上地方特有的调料，味道酸、甜、麻、辣、香兼具，令人回味无穷。据传，女皇武则天非常喜欢吃这种广元特色的凉面，所以它又有“女皇蒸凉面”的大名。

名人名言

凡世间奇险瑰丽之观，常在险处。

——（中国明代旅行家）徐霞客

时间：　　年　月　日

地点：

线路：

长度：　　千米

天气：

专家：

盖章处

Ancient Road

领队/家长：

七 西京古道

古道简介

▲ 位于广东乳源的西京古道

南岭又名五岭，是广东最主要的山脉，也是我国南部最大的山脉和重要的自然地理分界线。现在，连通岭南珠三角与其他地区的空中航线、高速公路、高铁线路非常发达。但是在古时，山地严重阻碍了山区及岭南地区与中原地区的经济与文化交流。历史上，几个强盛的朝代都曾投入巨大的人力、物力改善这种状况，特别是凿通了梅关古道、秦汉古道等多条通往中原地带的道路。《韶关市志》称：西京路“自浛洭（今英德县西）、浈阳（今英德县东）经横石塘、罗坑、凤田岭（今属乳源县，宋代以前属曲江县）、石角塘、云岩、梅花、罗家渡、老坪石、武阳司至湖南宜章，全长500余里。因由宜章北上可达西京，故称西京古道。”这里提到的西京古道是诸条南粤古驿道的代表性线路。

西京古道始于东汉，是在海陆两条丝绸之路开通后开辟的，起到了沟通南北两条丝绸之路的作用。

古道历史

西京古道早先是一条贡道。据《后汉书》《资治通鉴》等史籍记载：西汉雄才大略的汉武帝刘彻平定南越，把广东的特产龙眼、荔枝等岭南佳果列为贡品，要求岭南各地定期进贡。据说唐代“一骑红尘妃子笑，无人知是荔枝来”中的荔枝，很可能也是通过这条通道直达当时的京城长安。

关于西京古道的修建，有记载说：东汉建武二年（26年），桂阳太守主持在南岭群山中开凿了一条通道，起自英德，经曲江、乳源、临武，最终通往京都（今陕西西安）。实际上，这条数千千米的线路中部分段落的历史非常悠久。譬如，商末周初，西京古道段连通陕西、河南等地的武关道，亦即现在所说商於古道，荆楚部族就已经在首领鬻熊的带领下由此开始迁移了。

战国时期，政治家、改革家、思想家、军事家商鞅被秦孝公赐予商於十五邑，号为“商”君。而著名的纵横家、外交家和谋略家张仪穿梭于商於古道，周旋于秦楚两大强国间，制造出以600里商於之地欺楚的著名事件。

楚汉相争时期，刘邦自商於道取武关，接受秦王子婴投降，灭秦国。王陵屯兵于上洛南31里的古道旁襄王沟内，其母劝其效忠刘邦且为坚定其决心伏剑自杀，结果被项羽烹煮。于是，王陵协助刘邦驰骋商於，成就大业。而居住在陕西商山深处的四位白发老者，虽多次拒绝刘邦征召，但终经张良用计出山辅佐太子刘盈。这两个故事成为商於古道上的美谈。

唐代诗人李白的作品《灞陵行送别》，无意间将商於道与另一端远居岭南的西京路遥向结合起来：

送君灞陵亭，灞水流浩浩。
上有无花之古树，
下有伤心之春草。
我向秦人问路歧，
云是王粲南登之古道。
古道连绵走西京，
紫阙落日浮云生。
正当今夕断肠处，黄鹂愁绝不忍听。

唐代中期官员，文学家、思想家、哲学家韩愈遭贬离京，途径商洛时，留下“雪拥蓝关马不前”的惊世名句。唐文宗大和年间（827—835年），诗人李涉二次罢官，流放于桂粤途中，在古道上创作出七言绝句《再宿武关》：

远别秦城万里游，

乱山高下入商州。
关门不锁寒溪水，
一夜潺湲送客愁。

他所行经的，应该是当时比较标准的西京古道线路，只是途中不用八百里加急狂赶时间而已。差不多同时期的名家元稹亦云“今日春风到武关”，可见此道当时之重要。

古道线路

根据唐代李吉甫著《元和郡县志》记录：西京大道由长安南行3130里至江陵府（今湖北荆州市），折东南行570里至岳州府，又550里至潭州（今长沙市），又460里至衡州，又370里至郴州，北道一直延伸到广东。

▲ 西京古道

西京古道所历年代久远，所经地形多变，几千千米的道路情况非常复杂。其中开始阶段长安至荆襄的武关道，秦汉与唐代线路略有不同，在其他不同时期也会有所改变。涉及到全线，状况就更加多样。好在广东、陕西、湖南的一些地方开始投入人力、财力开始挖掘保护工作，使西京古道的脉络逐步开始明晰并进入大众的视野。

如广东乳源瑶族自治县经过大量工作，挖掘出包括约有2.5千米遗存的猴子岭段、2千米的五里桥段、2.5千米的梯云岭段、1千米的腊岭段和25千米的石门坳段等，令人非常欣慰。

古道撷珍

【棣花驿】

棣花驿是唐代商於古道上的重要驿站之一，现有棣花古镇位于陕西商洛市丹凤县。唐代诗人白居易曾经三过棣花，并留有“遥闻旅宿梦兄弟，应为邮亭名棣华”的名句。当代著名作家贾平凹也在作品中描写此镇。这里是商洛古战场上宋金两国分界边城，古镇中棣花二郎庙是陕西仅存的金代建筑。

【武关】

武关位于丹凤县东武关河的北岸，古称少习关。公元前351年，秦孝公在此建立关城，号称“三秦要塞”。公元前207年，刘邦取武关，灭掉秦国。唐时期多名诗人过五关并留下名句。

只是现在的武关已无当年风采。

▲ 武关遗址

【蓝关】

蓝关，又称峣关、青泥关、蓝天关、牧护关，故址在陕西西安市蓝田县城南，自古为古道上关中平原通往南阳盆地的交通要隘。虽然现在看不到很多遗留的古迹，但此关却是大秦岭中著名的地理标志，远在西周时期就开始修建。

【内乡县衙】

商於古道终于内乡县。内乡县衙位于河南内乡县城，号称中国唯一保存最完整的古代县级官署衙门，有“天下第一衙”之称。资料显示，该衙门始建于元大德八年（1304年），历经元、明、清三个朝代的修缮及扩建，成为我国古代现存绝无仅有的县级政权衙门实物历史标本，并于2002年被《中国文物报》评为“世界文化多样性十佳博物馆”。

【云门寺】

中国佛教禅宗五大支派之一云门宗的发祥地，位于广东乳源县城东北6千米的云门山下，建筑群庄严而独特，寺内藏有一批国家重点保护文物。极为难得的是，这里商业气息不浓，是在探访古道的过程中了解宗教文化的一个好去处。

【瑶族文化】

乳源是一个瑶族自治县，生活着两万多瑶族人。瑶族被称为高山民族，世世代代与大山为伴。乳源县的必背瑶寨是海外瑶族的发祥地，位于县城东北54千米的大山中，保留有不少瑶族传统风情，每天晚上有民俗表演活动。韶关市区有前往必背瑶寨的旅游车。

古道美食

【商芝肉】

商芝肉是陕西商县特有的风味菜，属款待佳宾的山珍美味。商芝草又名柴萁，是当地一种蕨类草本植物。每年春季，抽出其约七八寸长的嫩茎，晾干储存起来，作为制作商芝肉的用料。做商芝肉要选上好的猪肋条肉，红烧切片，然后与精心处理过的商芝笼蒸制成，此菜入口柔而不烂，肥而不腻，据说有提神去烦、健身延寿等效。

【商州柿子糖】

▲ 商州柿子

相对于其他地方的人们，商州人和柿子特别有缘分。商於古道上的山民，金秋十月会把鲜柿子摘下来储存；到次年春节前取出，倒入锅里捣成糊后熬制，然后密封进罐子中，成为颇富特色的柿子糖。吃的时候取出来割下其中一块，放黄酒里或用洋芋糍粑蘸着吃。

除了柿子糖，商州孝义湾的柿饼也非常有名。传说在明朝崇帧年间商州柿饼曾成为贡品。

【石头猪宴】

乳源当地著名美食。这里山区的猪都是放养的，每天在山岗、田头吃野菜、玉米、红薯等绿色食品，没有受过任何污染，其肉质自然香甜爽口。要品尝这一美食，最好结伴前往，可品尝由猪杂汤、焗猪脚、红烧肉、蒸排骨等集合而成的“全猪宴”。

【客家酿豆腐】

客家地区几乎随处可见酿豆腐，其渊源据说与北方的饺子有关。几百年前，客家先人从中原南迁后，因当地少有小麦，过年时竟然吃不上饺子，一些聪明的思乡者便想出一个办法，将做饺子的馅料填进豆腐块中，代替饺子，聊以慰藉对家乡的思念。后来，酿豆腐的制作工艺越来越成熟，味道越来越鲜美，成为最能代表客家人的一道菜，除了煎、煮、蒸，还加入了焖、煲、炸等南方特色。

【瑶山烟肉】

当地也称“烤火肉”，是瑶家最传统、最常见的美食，原料除猪肉外，还有牛肉、山羊肉等。每年春节前夕，家家杀猪宰牛，然后制成烤火肉，可长久存放，全年食用。采用这种烹饪方法，肥肉吃起来爽而不腻，瘦肉则越嚼越鲜香可口。

名人名言

不因路远而不走，要走就能走到；不因物重而不搬，要搬就能搬动。

——（中国著名军事家、政治家）成吉思汗

时间：　　　年　　月　　日

地点：

线路：

长度：　　　　　　千米

天气：

专家：

盖章处

Ancient Road

领队/家长：

八 唐蕃古道

古道简介

641年，文成公主告别了都城长安，踏上远赴雪域西藏的征程。送亲队伍过咸阳，入河州，走上了一条蜿蜒3000多千米的古道。如今，经格尔木、过那曲的青藏铁路运转多年，而与之相距约百千米的唐蕃古道已没入了历史的尘埃，被遗忘于群山之中。但沿途还留存着不少旧时的驿站、城池、寺庙、石刻、村舍等，记载着千百年来深厚的历史文化。

▲ 唐蕃古道上文成公主庙

古道历史

唐蕃古道上最有名的是文成公主和松赞干布和亲的历史往事。松赞干布经过连年征战，建立起吐蕃王国。那时，大唐正处于“贞观之治”的盛世，松赞干布非常钦佩唐王朝的兴盛以及先进的文化。为了使吐蕃更加富强，公元640年，他派使者出使长安，向唐朝皇帝求亲。此时唐朝建立不久，唐太宗李世民希望与各少数民族交好，于是送文成公主前往吐蕃和亲，双方结为甥舅之邦，成为一家人。唐景龙四年（公元710年），唐朝与吐蕃再次联姻，金城公主沿着当年文成公主走过的道路入藏，嫁给藏王赤德祖赞。途中，她发现了当年文成公主留下的九尊佛像，便令人在此建造寺庙，赐名“文成公主庙”。

唐蕃古道是古代西域文明、中亚文明、南亚文明与华夏文明沟通的重要通道，沿线的文化交流非常频繁。据谭立人、周原孙在《唐善交聘表》中统计，仅唐代，自唐贞观八年（公元634年）吐蕃首次遣使入唐，至公元846年吐蕃王朝结束，200多年间，双方使臣往来达290多次。这条进藏的古道，将大量中原文化带入西藏，促进了汉藏文化的大交融。

从松赞干布开始，汉藏之间的文化交流不断深入，两地的社会风俗也在互相影响。文成公主入藏后，松赞干布看到文成公主身穿锦缎，十分艳羡，带头“亦释毡裘，袭纨绮，渐慕华风”。当时吐蕃人为了防风沙，用一种赭色糖质物涂抹在脸上，并以此为美。因为文成公主不喜欢这项风俗，于是松赞干布下令禁止“赭面”。而这一习俗却传到了长安，成为流行。白居易的《时世妆》中就有这样的诗句：“元和妆梳君记取，髻堆面赭非华风。”

文成公主和亲时，为西藏地区带去了大批工匠、艺人，以及大量绸缎、典籍、医书、粮食等，使当时的汉藏文化得以交流、融合。后来松赞干布为迎娶文成公主修建布达拉宫，不少来自中原的工匠也参与其中。布达拉宫依山而建，墙体浇注铁汁用来加固，这种铁汁浇注的技艺正是唐朝建筑的工艺，布达拉宫外挑的屋檐同样有着汉族建筑风格的遗痕。值得一提的是，文成公主入藏时，随身携带了一尊由印度赠送给大唐的释迦牟尼12岁身量的铜佛像，是三座名贵的释迦牟尼佛化身像之一。如今，该铜佛像保存在拉萨大昭寺中，这使得吐蕃的佛教和汉族地区的佛教关系更加密切。赤德松赞时，佛教在藏区得到进一步发展，并逐渐本土化。

唐蕃古道是一条通往青藏高原的“天路”，随着海拔的攀升，沿途有许多海拔4000米以上的雪山、高山草原、湖泊等，自然风光原始、壮美、纯净。青海乐都诗人钱茂才曾作诗描绘

▲ 唐蕃古道

古道的景象："曲径行回两城间，斜阳卸影鸟飞还。云重峭壁青千丈，风皱奔流绿一湾。踏破丹梯崖似岩，凿开石锁坦为关。往来茶马从此过，地大势高一线川。"

从西宁过青海湖，要过日月山。唐代以前，因为这里的山石都是红色的，故名"赤岭"。它是青海内陆河与外流河的分水岭，也是唐朝与吐谷浑、吐蕃的分水岭。相传，文成公主一行人从长安出发，经青海涉湟水，抵达赤岭，再往前便是一望无际的大草原。公主站在赤岭上，向长安的方向望去，思乡之情涌上心头，不禁凄然泪下。她拿出临行前唐王赐予的日月宝镜，据说此镜可照出家乡景象，不料镜中却空无一物。一气之下，公主将宝镜摔到山下，赤岭自此更名为"日月山"。

唐蕃古道在青海的段落，经过中国面积最大的自然保护区——三江源自然保护区，沿途风光无限，可以看到藏羚羊、狼、狐狸等各种高原动物，以及各种飞鸟。我们还可以看到被称为"查灵海"（藏语意为"白色长湖"）的扎陵湖与鄂陵湖。它们是黄河上游最大的一对淡水湖，湖中栖息着很多珍稀的飞禽，周边的草原碧绿如洗，牧人和牛羊优哉游哉。

古道线路

唐蕃古道古时称为"迎佛路"，也叫馒头岭（古）驿道，全长3000多千米。这条古老的线路起自李唐都城长安（今陕西西安），向西北方向过渭河，到咸阳，经过著名的"马嵬驿”，穿法门寺，过大震关，经河州（甘肃临夏）渡黄河进入青海境内，然后到西藏。唐蕃古道的一半以上段落都位于青海，很多人寻访唐蕃古道，都将重点放在从西宁到玉树这一部分，将西宁作为出发点，翻日月山，访倒淌河，进入三江源自然保护区，颠簸至牛头碑合影，之后到达玉树，即算功德圆满。

唐蕃古道是一条1300年前就存在的进出西藏的交通大道，完整的线路其实是一路到达吐蕃逻些（今西藏拉萨），向西南还可以通往尼泊尔、印度等国家。这条道路是各民族重要的贸易通道，丝绸、茶叶与藏族聚居区优良的马匹是路上最常见的货物，因此历史上又有“丝绸南路”之称，也有人将它与茶马古道联系在一起。

古道撷珍

【法门寺】

法门寺位于陕西省宝鸡市，据传始建于东汉明帝十一年（公元68年），约有1700多年历史，被称为“关中塔庙始祖”，因安置释迦牟尼佛指骨舍利而成为佛教圣地。2004年，法门寺被联合国教科文组织评为“世界第九大奇迹”。法门寺地宫是迄今发现的最大的佛塔地宫，出土了释迦牟尼佛指骨舍利、铜浮屠、八重宝函、银花双轮十二环锡杖等佛教至高宝物和2000多件大唐国宝重器。

【石窟】

麦积山位于甘肃省天水市麦积区，因山形似麦垛而得名。麦积山石窟始建于384—417年，现存221座洞窟、10632身泥塑石雕和1300余平方米壁画，被誉为“东方雕塑艺术陈列馆”。

炳灵寺石窟位于甘肃省临夏回族自治州永靖县西南约40千米处的积石山大寺沟西侧的崖壁上，西晋初年开凿，正式建立于西秦建弘元年（420年）。现存窟龛183个，有石雕造像694身，泥塑82身，壁画约900平方米，分布在高60米、长约200米的崖面上。2014年6月22日，炳灵寺石窟作为中国、哈萨克斯坦和吉尔吉斯斯坦三国联合申遗的“丝绸之路：长安—天山廊道的路网”中的一处遗址点，被成功列入《世界遗产名录》。

【倒淌河】

从青海的日月山南行约十余千米，可以看到一条小河自东向西流，而日月山的东边几乎所有的河都是向东流的，所以这条小河被称作倒淌河，是一条流入青海湖的内陆河。据传说，这条河是当年文成公主远嫁途中思乡心切时的泪水流淌而成的。

【三江源】

位于青海南部的三江源自然保护区是我国面积最大的自然保护区。它是长江、黄河、澜沧江三条大河的发源地，也是世界高海拔地区生物多样性最集中的地区和生态最敏感的地区。

【文成公主庙】

始建于唐代，已有1300多年历史。据说文成公主通过唐蕃古道进藏途中曾在此停留，传授给当地藏族人民耕作和纺织的技术。文成公主离开后，藏族人民便依据公主的画像，在石壁上凿石造像。现在寺庙中有很多年轻的和尚，在这里学习佛法和其他文化知识。

【新寨玛尼堆】

位于青海玉树的新寨玛尼堆，由无数玛尼石堆砌在一起。据统计，上面的经文字数超过200亿，被称为“世界第一石刻图书馆”，并被上海大世界吉尼斯总部认定为“世界最大的玛尼石堆”。新寨玛尼堆始建于1715年，奠基人是结古寺的一世嘉那活佛宗求帕文，因此也称“嘉那玛尼堆”。玛尼堆东侧有八座白塔和巨大的转经筒，有很多来自西藏、四川、青海、甘肃等地的藏族同胞虔诚地绕着玛尼堆转经。

▲ 新寨玛尼堆

【大昭寺】

位于拉萨老城区的中心，由松赞干布建造，元、明、清历朝屡加修改扩建，形成了现在的规模。大昭寺在藏传佛教中拥有至高无上的地位，寺内供有松赞干布及尺尊、文成公主塑像。

古道美食

唐蕃古道穿越我国西部陕、甘、青、藏几省、区，一路上各种美味小吃数不胜数，沿途饕餮前行，令人流连忘返。

陕西

陕西小吃历史悠久，种类多样，著名的有肉夹馍、臊子面、羊肉泡馍等。

甘肃

兰州的牛肉拉面名扬天下，手抓羊肉等亦令人回味。甘肃的瓜果也很有名。

青海

具有民族特色的地方风味小吃颇多，酿皮、拉条、面片及大块的煮羊肉等都值得品尝。

西藏

藏族美食很有地域特点，其中酥油茶、青稞酒、糌粑、酸奶、藏式牛肉饼、牦牛肉、烤羊排等比较有代表性。

▲ 西藏常见食品——酸奶

名人名言

一个真正的旅行家必是一个流浪者，经历着流浪者的快乐、诱惑和探险意志。旅行必须流浪式，否则便不称其为旅行。

——（中国现代著名作家、学者）林语堂

盖章处

时间：　　　年　　月　　日

地点：

线路：

长度：　　　　　　千米

天气：

专家：

领队/家长：

九 秦直道

古道简介

距今2200多年前，秦始皇曾下令修筑通往各地的国道，其中最著名的一条就是俗称“皇上路”“圣人条”的秦直道。秦直道横穿今天的陕西、甘肃和内蒙古，长700多千米，年代比西方著名的罗马大道早200余年，所以享有“世界公路鼻祖”的美誉，是举世公认的“第一条高速公路”。在2000多年时间里，秦直道一直都是一条交通主干道；但是近几百年它却已经日渐沉寂。秦直道已被列入国家大遗址保护工程，并拟申报世界文化遗产。

▲ 秦直道博物馆

古道历史

公元前221年，秦始皇统一六国。次年，他下令修筑以国都咸阳为中心，通往全国各地，供皇帝视察专用的驰道。驰道中著名的有上郡道、临晋道、东方道等9条，其中一条从咸阳（起点为今咸阳淳化县）到九原郡（今包头附近）的道路，由名将蒙恬率领30万民工等历时两年半以上时间修建而成。因为是由咸阳通往北部边境上阴山之间最近的道路，南北大体相直，所以被称作“直道”。

秦直道最早记载于《史记·秦始皇本纪》：“三十五年，除道，道九原，抵云阳，堑山眼堙谷，直通之。”秦始皇修造直道的目的，主要是供自己出巡，《史记·蒙恬列传》：“始皇欲游天下，道九原，直抵甘泉，乃使蒙恬通道，自九原抵甘泉，堑山堙谷，千八百里。”当然秦之后还可能有作为运兵通道和交通线路等。但建设时因为地形复杂，道路险峻，所以进展缓慢，以至于蒙恬被赐死时尚未完工。始皇死后，胡亥、赵高、李斯等秘不发丧，伪装始皇健在，沿直道返回咸阳。秦二世也有继续修建，但是完成时间没有记载。

汉代，秦直道开始体现其价值，许多著名的历史事件都与此相关。

▲ 秦武士像

汉匈战争：曾经生活在蒙古高原上的游牧民

族匈奴，是古代中国最大的威胁。汉文帝三年（前177年），刘恒从林光宫（当时甘泉宫还未建造）到延安走秦直道去慰问与匈奴作战的军队，成为最早驱车走过秦直道的汉代皇帝；汉武帝刘彻则多次亲率大军沿秦直道北巡，大大震慑了匈奴，其中西汉元封元年（公元前110年），司马迁还曾随汉武帝统率的18万大军，沿直道走了一遍；秉承“明犯强汉者，虽远必诛”的汉将们沿秦直道与匈奴拼杀，如著名的飞将军李广曾经从直道进军，骠骑大将军卫青沿秦直道等进发，重创匈奴，所以秦直道在西汉时期，发挥了极其重要的军事作用。

昭君出塞：经过连年征战，出现西汉强匈奴弱的大好局面。公元前54年，被哥哥北匈奴郅支单于打败的南匈奴呼韩邪单于向汉朝称臣归附，并于次年入长安朝觐天子，“以尽藩臣之礼”，并自请为婿。元帝遂将宫女王昭君（名嫱）赐给了呼韩邪。昭君沿直道出关，远嫁匈奴后，被封为“宁胡阏氏”（阏氏，音焉支，意思是“王后”），以象征她将给匈奴带来和平、安宁和兴旺。后北匈奴郅支单于在不久前被汉朝远征军诛灭，呼韩邪单于在西汉的支持下控制了匈奴全境，汉朝又强盛了一个时期。

出使西域：建元三年（前138年），汉武帝招募使者出使大月氏，打算联合大月氏共击匈奴，张骞应募任使者，从武帝建元二年（前139年）于长安出发，至元朔三年（前126年）归汉，共历13年，开辟了经甘肃、新疆至中亚、西亚并连接地中海各国的陆上通道（西北丝绸之路）。这部分丝绸之路主要以长安或甘泉宫为出发点，沿直道起点北上至石门关，到敦煌分三条线路行进。现今敦煌石窟第323窟中有汉武帝在甘泉宫为张骞送行的壁画，可作为那段重要历史的证明。

文姬归汉：东汉末年，天下动乱，四处交兵。东汉著名学者蔡邕的女儿蔡琰（字明姬，为避司马昭的讳改为文姬），在战乱中为南匈奴所俘，后嫁匈奴左贤王为阏氏，这过程中走的就是秦直道。后来蔡文姬思乡心切，但是她归汉行动因受单于所阻，不能成行。曹操一直对故人蔡邕怜惜与怀念，并“痛其无嗣”，闻讯率50万大军沿秦直道前往匈奴边界施压，并遣使者以金璧将蔡文姬从匈奴赎回国中。蔡文姬离别丈夫、子女吟着长诗《胡笳十八拍》，沿着漫漫的秦直道别亲归汉，参与编撰《续汉书》，整理蔡邕所遗书籍400余篇。

540年，突厥这个词出现在中国史册，作为继匈奴、鲜卑、柔然以来又一个重要的游牧民族，频繁南侵，给唐朝带来很大威胁。其中一次十万铁骑直达渭河岸边，兵锋威逼长安。经过连年征战，唐王朝转守为攻，并设置东、中、西三个受降城控制阴山防线，通过秦直道联系北边诸军要镇。

乾隆《正宁县志》记载：“此路一往康庄，修整之则可通车辙。明时以其道直抵银、夏，故商贾经行。今则塘汛废弛，通衢化为榛莽。”可见到明代，秦直道仍旧是一条重要通途，当时居住在鄂尔多斯草原的蒙、汉人民，沿着“秦直道”旧路，驱赶着牛羊，用骆驼、马匹驮着皮毛和奶制品来出售，并换回布匹和日用品，根据这段记录分析，清朝初年，这条线路渐趋湮塞。

离我们较近的时代，红军经过长征到达陕北后，一些运往延安的物资和投身革命圣地的有志青年，也经由秦直道老路。1946年9月，王震率领的八路军南下支队从中原突围后，也是由“秦直道”回到陕甘宁边区。

▲ 秦直道

古道线路

司马迁《史记》中多次提及秦直道，如记录道：“吾适北边，自直道归，行观蒙恬所为秦筑长城亭障，堑山堙谷，通直道，固轻百姓力矣”。并说明“始皇欲游天下，道九原，直抵甘泉，乃使蒙恬通道。自九原抵甘泉，堑山堙谷，千八百里。”但是他写下了秦直道的起讫地点和里程，但没有也不可能详录其他的经由地点，这为历时久远的秦直道线路研究留下疑问甚至是千古疑案，以至于还有人坚持区分秦直道和驰道。

现下，人们把秦直道简单的分为东西两线：东线说指秦直道北上至兴隆关后，向东过蛐蜒岭，再向北经陕北抵达包头；西线说认为，秦直道至兴隆关后，继续向北，再转西北，经甘肃和陕西定边，再折向东北，一路到包头。一部分人认定东线为真正的秦直道。

▲ 秦直道遗址

古道撷珍

【烽火台】

秦始皇下令修建了横向的秦长城和纵向的秦直道，两大工程交织在一起，使秦直道沿线更富有内涵和沧桑感。这段西起临洮（今甘肃临洮）东至辽东郡（今辽宁）的万里长城，由宁夏延伸入内蒙古之后，从狼山而东，经由包头市固阳县北部的西斗铺、银号、大庙乡，进入武川县经大青山东部，延伸至河北等地，它是有资格代表长城入选世界七大奇迹的珍贵文化遗产。

【秦直道博物馆】

鄂尔多斯的秦直道博物馆建设非常有特色，距离大秦直道文化景区不远，但是因为参观者寥寥，无法体现其价值，所以已废弃；另一处称作石门关秦直道博物馆，位于咸阳市旬邑县306县道西100米。

古道美食

秦直道线路较长，涉及地区很多，我们从途经的三省、区各选一民间特色饮食作为代表：

【油泼面】

陕西面食花样繁多，名扬天下，据说最能代表陕西人豪迈和爽朗的面食就是“油泼面”。这是一种是用做法命名的面食，一般是将煮熟的面条盛出来后，再撒上葱花、辣子面，然后加少许的酱油和香醋，最后再泼上一勺烧热的菜油，随着嗞啦嗞啦的声音，碗中激出葱的香味和辣子的香味，让人胃口大开。

【燕麦柔柔】

燕麦是一种世界性栽培作物，我国内蒙古、河北、吉林、山西、陕西、青海和甘肃等地都有种植，营养价值较高。制作燕麦面柔柔。是把燕麦放入开水锅，煮三成熟后晾干，再磨成面，然后用水搅成团或饼状入笼蒸熟，出笼切成薄片后配以佐料即可食用。现在，它已登上了大雅之堂，成为庆阳等地区款待嘉宾的美味佳肴。

【莜面】

莜麦即燕麦，在我国已有5000年的历史，属塞北高寒农作物，为内蒙古三件宝之一，据说其脂肪含量是小麦、大米、高粱、荞麦、黄米这六种粮食的6倍，释放的热量等同大肉或肥牛。莜面（不是筱面），包头人像山西人一样，会制作炒莜面、蒸莜面、汤莜面、凉拌莜面、莜面窝窝、莜面鱼鱼、莜面炸糕等，其中蒸莜面卷卷颇具特色。

▲ 莜麦食品

名人名言

以世界为我之大学校，以天然与人事为我之教科书，以耳闻目见直接接触为我之读书方法，以风雪雨霜、炎荒烈日、晨星夜月为我之奖励金。

——（中国当代旅行家）潘德明

盖章处

时间：______ 年 月 日

地点：______

线路：______

长度：______ 千米

天气：______

专家：______

领队/家长：______

十 黄金之路

古道简介

▲ 黄金之路

中国的版图犹如一只雄鸡，在其头颈部大兴安岭的茫茫林海和周边县中，有条绵延近千千米的古道，它既是清代捍卫过领土主权的“奏捷之路”，也是记录新中国成立后历时20年北大荒建设燃情岁月的“知青之路”，同时因其曾经肩负开发漠河金矿的重要使命，亦被称作“黄金之路”。这条路，主体不但是大兴安岭地区唯一的全国重点文物保护单位，也是我国东北地区为数相对不多的线性文化遗产之一。

古道历史

清康熙二十四年至二十七年（公元1685—1688年）间，沙皇俄国派兵侵占了我国黑龙江流域的领土——雅克萨。中国军民为收复领土，奋起反击，打了两次漂亮的围歼战，史称“雅克萨之战”。不过这两场战争，清政府虽然当时已经拥有“红衣大炮”等武器，但最后是在人数等优势前提下惨胜，技术方面的劣势已开始显现，以至于之后出现鸦片战争失败的“三千年未有之变局”。部分专家认为，这种变局在“雅克萨之战”中已经开始。战役中，康熙帝下令在墨尔根和雅克萨之间修建了一条临时使用、总长接近700千米的军事道路，用以传递军事情报及物资，以保证战争中的消息沟通和后方供给。这条古驿道，自墨尔根头站（今嫩江县）起，至今漠河市兴安镇二十五站村，沿途设置25处驿站，为那场战争的胜利提供了稳固的支持，但是战后，由于年久失修，驿道逐渐荒废。

光绪九年（1883年），在目前中国国土的最北端，即黑龙江漠河发现金矿，但是沙俄人越境偷采情况时有发生。清廷派大臣李金镛赴黑龙江漠河主持开发，启用了这条战争时修建的旧驿道，而且在通往漠河老沟金矿的沿途道路上增设了8个驿站，使驿道全长达到1000千米，驿站数达33个。

到了20世纪50年代，国家大规模开垦黑龙江省北部在三江平原、黑龙江沿河平原及嫩江流域广大荒芜地区，数万名解放军复员官兵、知识青年和革命干部，响应党和国家的号召，沿着这条以前的黄金驿道走进北大荒，投入建设与生产，使得昔日的北大荒变成了如今的北大仓。

2013年5月，黄金之路主段落——墨尔根至漠河古驿站驿道被国务院核定公布为第七批国家级重点文物保护单位。

古道线路

长达上千千米的黄金之路，清康熙年间所建段落自墨尔根（今嫩江县）至雅克萨斜对岸额木尔河口（今漠河县二十五站村），共25个站舍；光绪年间增设8站，分别为三十站漠河（今北极村）、三十一站老金沟，以及到额木尔河畔洛古河的三十二站和三十三站，其中10站位于嫩江县境内，23站位于大兴安岭地区，各站舍间隔约30千米。

古道撷珍

黄金之路穿越地属黑龙江漠河县的中国最北的城镇——北极村，这里是中国观测北极光的最佳地点，伫立着被称为中国“北方第一哨”的北极哨所。千里迢迢来到此处，建议不要错

▲ 北极村

过去拜访以下两个特别有意义的地方：

【最北驿站邮所】

最北驿站邮所是黑龙江最北也可能是我国最北的驿站邮局。这所作者15年前即造访过的邮局造型独特，外观看是一座具有大兴安岭地域特色的木刻楞建筑，色彩选用象征着喜庆吉祥的中国红，搭配原木色，在雪白的世界里格外醒目。到达此处以后寄张明信片再盖个邮戳是必须的，只不过绝大多数人不知道它还和黄金之路竟然有如此密切的联系。

【洛古河村】

属于北极镇的洛古河村，为黑龙江源头古村，也称“龙江第一村”“源头第一村”，它是黑龙江南岸最西部的一个村庄，隔江与俄罗斯波克罗夫村相望，被称为黑龙江源头第一村。这个村子有将近100年的历史，清一色木刻楞的建筑，冬暖夏凉，而别具特色的东北民俗风情，也应该值得体验。

【狍子和飞龙等】

俗话说：靠山吃山，靠水吃水。黄金之路沿线有山有水，还有肥沃的土地和茂密的树林，所以有各种山珍野味可以吃。实际上我们每到一处民宿或餐馆，几乎都会被介绍具有地方特色的被允许食用野生动物为原料的美食。但是大家都容易忽略那些逝去生命的精灵，一直是当地生物链的重要环节，也是珍贵的旅游资源。因此，本作者毅然把它们从美食版块剥离，让我们共同保护大自然，珍惜身边已经非常脆弱的生态环境。

大兴安岭林区，原始森林茂密，原来人烟稀少，生活有大量野生动物，以至于有“棒打狍子瓢舀鱼，野鸡飞到饭锅里”的说法。但是游客不断涌入的今天，各种被允许食用的野生动物，甚至麻雀都有可能被端上餐桌。其中的狍子和飞龙，是被最常推荐的两种特色美味。

狍子，又称矮鹿，俗称“草上飞”，因为其狍茸、血、心、肝、肾、骨、肉等都有补身益寿功能，而且还有“食狍肉后能成仙”的传说，所以自古就是达官贵人最喜欢的野味佳肴之一。但这种看似傻傻的小鹿却是鹿科的珍稀动物，属于国家二级保护动物。

飞龙，学名榛鸡，属于松鸡科，体形像鸽子，据说肉质洁白细嫩，曾经是专门给皇帝进贡的珍品之一，因而被赐名“飞龙”和“岁贡鸟”。但它们也是国家三级保护动物。

细鳞鱼，生长在大兴安岭林区的溪流中，据说营养丰富，味道鲜美，相当名贵。但我们知道冷水鱼生长缓慢，繁殖的环境也易遭破坏，相对于餐桌上的小鱼，作者更愿意看到它们自由游动于沿途清澈溪水中的美丽身影。

【鄂伦春乡】

墨尔根至雅克萨的古驿道沿途有很多驿站，其中一些鄂伦春族老百姓就住在从墨尔根数起的第十八站附近，于是那里就有了著名的鄂伦春族乡。

这个特殊民族的百姓原来以集体狩猎为主，以采集野菜和

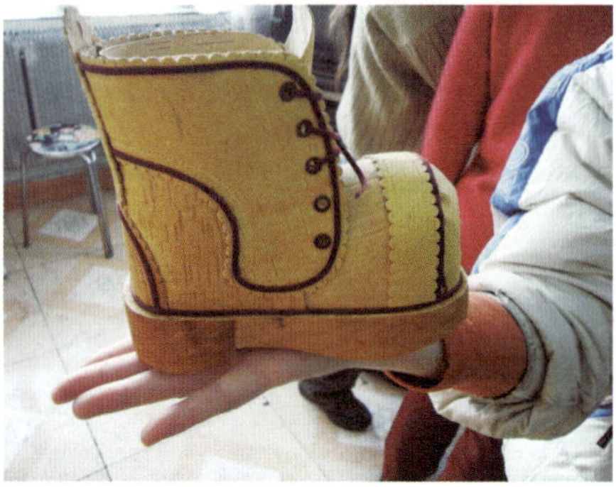

▲ 鄂伦春人家

捕鱼为辅。他们的主要猎物之一就是狍子。打到狍子以后，肉是用来吃，而经久耐磨、防寒性好的皮则是用来做袍子的。鄂伦春族的祖先很早就居住在森林里，从元代起就被称为“林中百姓”，明代则被认为是“北山野人”。他们世世代代过着随山而居、逐兽而迁的原始游猎生活，是我们国家人口最少、定居最晚的民族之一。因为这种特殊的生活环境和习俗，国家在一段时间内都还容许他们保持打猎的传统，但同时也逐步动员他们将猎枪上缴封存。

古道美食

大东北的美食格外受北方人的青睐，作者即使身处北京等大都市，也经常会邀集三五好友到东北餐馆饕餮一番。如果走在黄金之路上，那沿途顿顿大碴子美食，一定会让人尽兴不已。当然如果店家特别介绍哪种野生动物特色菜，应当拒绝，除了生态保护的初衷，从食品安全或是旅行成本考虑，也是应该的。

【全鹿宴】

到今天，鄂伦春我们所遇鹿肉食品，绝大多数原料是来自林地驯养。当地全鹿宴就是采用大兴安岭特产梅花鹿等的各个部位如鹿肉、鹿腩、鹿眼、鹿脑、鹿肝、鹿血等烹制成的菜肴。

▲ 养殖场的梅花鹿

【东北杀猪菜】

杀猪菜是由多种菜品组合成的系列菜的总称，为东北地区老百姓所喜爱的名菜，其实也往往是徒步旅行者的最爱。这种本来是当地农村过年才会吃的一道炖菜，如今随时都会端上饭桌，在很多的东北餐馆也会随时吃到。杀猪菜是炖菜中非常具有人气的一款，属于大兴安岭美食的代表之一。

【大丰收】

东北名菜大丰收实际上就是一道大烩菜，在当地几乎是人人爱吃的菜肴。具体做法是将豆角、南瓜、玉米、土豆、排骨随意炖进去，简单制作出来但是极其可口，不能错过！

【都柿】

都柿，即很多人都知道的蓝莓（blueberry）、浆果成熟之后呈蓝紫色，是大兴安岭、小兴安岭的特产。经检测，蓝莓果汁中含有19种氨基酸，其中含有人体必需的八种氨基酸，而且比例适当，同时还有各种维生素和微量元素。食用蓝莓不仅具有良好的营养保健作用，还有防止脑神经老化、强心、抗癌、软化血管、增强人体免疫等诸多功能，所以是世界粮食及农业组织推荐的五大健康水果之一。

名人名言

人活在世上，自会形成信念。对我本人来说，学习自然科学，阅读文学作品，看人文科学的书籍，乃至旅行、恋爱，无不有助于形成我的信念，构造我的价值观。

——（中国当代学者、作家）王小波

盖章处

时间：　　年　月　日

地点：

线路：

长度：　　　千米

天气：

专家：

Ancient Road

领队/家长：

十一 港澳台古道

相对来说，我国香港特别行政区、澳门特别行政区和台湾省更早开始当地古道的挖掘利用工作，标识系统等比较国际化，并拥有很多宝贵的推广经验。

香港有元荃古道、甲龙古道、梅子林北港古道、东梅古道、西贡古道、横七古道、张保仔古道、慈沙古道、东澳古道、法门古道等十条重要古道。其中处于香港闹市之中的元荃古道，具有极佳的自然环境、多变的景观风光、适宜的徒步距离、完备的沿途设施和清晰的标识系统，让徒步成为一件轻松乐事。因为以上优越的条件，该古道于2017被中国十大古道评委会评定为最佳徒步古道。

澳门面积狭小，但是留有很多的历史印记，文化线路最重要的是岐澳古道。岐澳古道指从广东省中山市石岐到澳门的两条陆上通道。其中，南干大道全长70千米，修筑于清咸丰十年（1860年），为主要通道。

台湾岛面积相对较大，高山峻岭连绵，所以存留有大量古道。比较著名的有八通关古道、关山越岭古道、鸣凤山古道、跑马古道、富士古道等。其中八通关古道2016年被评为中国十大古道最具地方特色古道，上榜理由是：八通关古道横贯台湾本岛东西部，是目前仅存的一条记录了清政府经营、日据当局开发掠夺等重要历史的著名古道，现为台湾地区重要古迹。

名人名言

如果说出生是最明确的一场旅行，死亡难道不是另一场出发？

——（中国台湾著名女作家、旅行家）三毛

时间：　　年　月　日

地点：

线路：

长度：　　千米

天气：

专家：

盖章处

领队/家长：

第三章

古道研学概述

“中国传统文化博大精深，学习和掌握其中的各种思想精华，对树立正确的世界观、人生观、价值观很有益处。”

——**习近平**

2013年3月1日《习近平在中央党校建校80周年庆祝大会暨2013年春季学期开学典礼上的讲话》，见《人民日报》2014年09月25日02版

第一节　关于研学教育

研学，全称研究性学习，也被叫作探究式学习、探究式科学教育等，英文名Hands-on Inquiry Based Learning（HIBL），是指学生们走出校门，在与教师等共同组成的特定学习环境中，基于自身兴趣等，根据课本内容，从自然、地理、历史、人文、科技、体验六大类别选择和确定研学主题，主动提出问题、探究和学习的归纳式学习过程。

研学教育提倡亲近自然，所以与户外旅行紧密相关。中国自古以来就有“读万卷书，行万里路”的教育理念和人文精神。早在春秋时期，中国古代思想家、政治家、教育家，儒家学派创始人孔子即率领众弟子周游列国，不但开阔了这帮年轻人的眼界，增进了他们的学识，还培养了弟子们的品质，最后流传的著作和形成的思想对中国和世界都有深远的影响。唐代高僧玄奘青少年时代游历各地，参访名师，后又历时17年，旅程5万里，经历138国，西行求法，不但丰富了中国古代文化，还为古印度佛教和学术文化保存了珍贵典籍。明代地理学家、旅行家和文学家徐霞客一生志在四方，“达人所之未达，探人所之未知”，用30年时间足迹遍及今天的21个省、区、市，撰写成60万字的地理名著《徐霞客游记》，被称为“千古奇人”。当代环球旅行家潘德明，持“雪东亚病夫耻”“以谋世界上之容光”的信念，或骑自行车，或徒步，历尽艰辛，耗时8年到达40多个国家，积累了大量珍贵纪念资料，并会见20多个国家的元首、名人，成为人类历史上徒步环游地球第一人。他们的游学方式被称为“壮游”，和当前国内“上车睡觉，停车撒尿，下车拍照，回家睡觉，第二天一问啥都不知道”的常见旅游形式是完全不同的。

▲ 当代旅行家潘德明像

历史长河中，国外也有很多著名的旅行家，如意大利的马可·波罗、摩洛哥的伊本·白图泰都曾游历多个国家，并留下著作，为全世界文明的交流作出贡献。

近几百年，教育和旅行开始结合。

17—19世纪，欧洲地区盛行一种漫游式的修学旅游活动，称为大陆游学（the Grand Tour），简称大游学。一开始，是英国王室的教师带领王子们周游列国。到后来，贵族子弟中间海外学习旅游于流行贵族子弟中间，甚至出现没有经历过就被人蔑视看不起的情况。

1946年，日本将学习传统文化知识、参观国家公园、访问历史古迹等的“修学旅行”正式纳入教育体系，小学、初中、高中均制订了相应的修学旅行制度。每年，学校都会带领适龄学生在日本国内进行研习活动。韩国教育部门则将毕业旅行作为学生的一项必修科目，纳入学分管理，影响毕业。

1980年，美国把研学“Hands-on Inquiry Based Learning（HIBL）”列为基础教育改革的重要原则之一，将其作为一条基础教育成功的道路，并制定出一种科学的教学理念、方法、模式和标准。1995年，美国研学教育引进到法国，但是起了一个奇怪的名字：“动手和面团”。2001年8月，教育部、中国科协首次完整地将研学教育从法国引进到中国，叫作“做中学”，意思更加通俗易懂。研学体系的规范化，对各种此类专业旅行活动的制定具有指导意义。文件中提到：“做中学”就是让学生在动脑、动手的过程中利用学到的知识发现问题、解决问题。探究式学习既是学习的目的，又是学习的理念方法和模式，是“素质教育”的根本出路。

之后，我国研学旅行的概念逐步形成，并开始广泛受到重视。

2013年2月2日，国务院办公厅印发《国民旅游休闲纲要（2013—2020年）》，明确提出，要“逐步推行中小学生研学旅行”，“鼓励学校组织学生进行寓教于游的课外实践活动，健全学校旅游责任保险制度”。

2014年8月9日，国务院印发《国务院关于促进旅游业改革发展的若干意见》，其中首次明确了“研学旅行”要纳入中小学生日常教育范畴。

2016年11月30日，教育部、国家发展改革委等11部门印发《关于推进中小学生研学旅行的意见》，提出各中小学应当把研学旅行纳入学校教育教学计划，指出，研学旅行正处在大有可为的发展机遇期，各地要把研学旅行摆在更加重要的位置，推动研学旅行健康快速发展。

研学旅行，是将研学教育和旅行体验有机结合的校外教育活动，其亲子文旅、自然体验等项目广受欢迎。

▲ 古道研学团队徒步中

第二节　古道是研学教育的最佳资源

▲ 古道研学活动

虽然远在2000多年前，我国古代著名的教育家孔子就已经带领众弟子周游列国，可是在国家层面鼓励研学旅行，将其作为发展素质教育的有效途径，还只是近些年的事情。但在我们这个迅速崛起的泱泱大国，因为素质教育关系到每个家庭，具有2亿以上中小学生的体量，所以很多机构都争相进入相关领域，试图在研学这个新兴产业中大展宏图。在此过程中，所有参与者将会认识到：大家生活中最容易被忽视，千百年来一直被祖祖辈辈踩在脚下，如今多是残缺不全的古道，却是当代研学教育的最佳资源。

人类从远古走来，留下部分足迹，形成古道这种典型的线性文化遗产，因为其承载着人类生活的艰辛、商贾的兴衰、文化的底蕴以及历史的变迁，所以具有极高的价值。体现在研学旅行中，具体为：

一 成本低廉

相对于登山、滑雪、潜水等其他户外运动，古道上行走为主的研学活动安全系数要高很多，同时装备等投入较低，而且因为大部分存留下来古道处于郊外林地或山区，多已被习惯于使用现代交通工具的人们所遗忘。如果研学过程中采用最易行的徒步方式，加上大多数古道不收门票，所以成本十分低廉。

二 有益身心

徒步是一种简便易行的健身方法，不仅有助于降低人体内胆固醇的含量，帮助降低血压，促进瘦身减肥，还可以增强心脏血管系统的功能，起到强身健体的效果。当然和在小区、公园里散步不同，参加亲子研学活动远离城市的喧嚣和雾霾，到郊区清新的空气中一边深呼吸，一边在林中放松漫步，运动功效一定会大不相同。

三 增加学识

古道分布于各种不同的自然环境中，踏上这些道路后还可以根据季节等进行登山、攀岩、游泳、救生等一系列演练学习，掌握不同的技能；更重要的是：千百年来，无数人走在这些道路上，留下了各种历史典故。在古道沿途一般都有很多历史遗迹，一边行走古道，一边去探索其背后的故事，既可以开阔视野，学到历史、地理、文化等多方面的知识，还能在摄影、绘画、写作等诸方面获得创作的良机。古道研学就是将“读万卷书，行万里路”这两者很好地结合，边走古道边学习，可以使孩子以及家长们所学习的知识印象更加深刻，记忆更加牢固。

▲ 古道研学活动中小朋友在做活动记录

四 亲近自然

与城市中心的公园不同，各处古道一般都有各自特殊的自然环境。无论是在林中、山上还是河边，听到虫语鸟鸣，看到山花烂漫，都会带给习惯城市生活的人们完全不一样的体验。拜伦诗云：“无径之林，常有情趣；无人之岸，几多惊喜；岸畔崖间，鼓涛为乐；无人踏足，是为桃源；吾爱世人，更爱自然。”其实不止诗人，热爱大自然是我们人类的本性，行走古道大多都是亲近自然的过程。特别值得一提的是：在此期间，孩子们有机会根据学习到的科学方法去保护大自然，让大自然为人类造福，使自己和亲朋的古道行成为认识自然、享受自然、回馈自然的生态保护之旅。

五 增进感情

在城市生活中，大家忙碌着自己的工作，孩子甚至某些家长都会沉迷于某种爱好或游戏，疏忽人与人之间的交流。走在古道上，不再是只对着电脑或手机的屏幕，而是和亲人朋友们放松交流，对于人与人之间增加了解、增进感情，是一种非

▲ 古道研学亲子活动

常好的方式。马克·吐温说过：“旅行是消除无知和仇恨的最好办法。”通过行走古道所开始的亲子研学教育活动，更是结交新朋友的良好契机。人们常说，读万卷书不如行万里路，行万里路不如阅人无数。走古道，既可以读万卷书，也可以行万里路，还能阅人无数。而在这个过程中，家长们也有充分的时间、很多的机会可以交到一些对脾气的好友，给生活和事业起到一些积极的作用。部分眼光独到的企业家等人还在此过程中发现商机，得到良好的经济收益等。

六 体验生活

“最好的学习是去经历，最好的课堂在路上。”走古道，往往要去到乡间等偏远地区，去那里，城里的孩子可以体验农村生活。丰富的旅行经验不仅可以帮孩子饱览各地风土人情、开阔眼界，还可以让孩子们知道生活的不易，珍惜眼前，提升自己。并且，所有参与者一定都会吃到真正的绿色食品，而且不用花巨资就会品尝到一些具有地方特色的美食。更重要的是：经过一定量的户外运动，每个人都食欲大开，体味到食品的美妙，其间也可以放开胃口大吃一顿，而不用过于担忧体重的增加等。而这些有意义的交流，也会给当地的乡村振兴起到帮助作用。

七 磨炼意志

走古道的过程中，孩子可能会碰到一些特殊的天气状况或意外遭遇，如风雪泥泞、交通阻隔等；还有一些古道的路途格外漫长和艰险，这都需要他们积极去迎接挑战。但是在这一过程中，每个人的进步不是凤凰涅槃的飞升，而是点滴渐进的。莫泊桑说："我觉得人的脆弱和坚强都超乎自己的想象。有时，我可能脆弱得一句话就泪流满面；有时，也发现自己咬着牙走了很长的路。"行走带给我们的磨砺也是通过一段段脚下的路程所传递的。

▲ 古道亲子

八 交流文明

丝绸之路、茶马古道等在历史上都是著名的民族文明交流融通之路。带领孩子们走古道，对了解不同地区的文化大有帮助，此过程会间接促进不同地区、不同民族、不同国家之间民众的交流、借鉴和融合。这是一个良性的学习和吸收各民族优秀文化成果以发展本民族文化的重要过程。

九 公益帮扶

行走古道要求低碳环保出行，保护沿途文化以及生态环境，在学习的同时进行一系列公益活动，为自己的成长留下一连串美丽的符号。现在一些地区山大沟深、地形崎岖、交通建设困难，推进乡村振兴、发展经济一直是令人头痛的问题。而重视和有效利用山区的古道资源，则可能以最低成本有效地解决此类问题。比如山区百姓们种植的很多绿色食品因为交通问题很难运输出去，却可能是行古道者最为喜欢的健康、美味食品。地方政府或活动组织者如果在此过程中通过举办各种文化体育活动，鼓励山区农产品消费，培训当地脱贫户的专业技能等，这将有利于探索出一条古道持续推动脱贫攻坚与乡村振兴有效衔接新路子。

▲ 古道帮助乡村振兴

十 感悟生命

研究历史会发现：历史上很多著名的教育家、文学家包括大多数诗词名家，甚至世界重要宗教的创立者或因其而创立教派的人，基本上都有过长期的旅游经历。他们走过的线路，不少已经成为著名的文化线路，而他们在行走的过程中一定是身体和灵魂一起在路上，进而得到感悟而升华。这当然是另一种境界，现实中大家尤其是孩子们通过长期深度旅行，一定会有一些特殊的心灵感悟，潜移默化中影响他们的一生。这对他们的健康成长具有重要的意义。

通过各种不同形式和内容的古道研学，大家的收获应该远不止此。我们提倡古道研学，就是因为上述付出少受益多的巨大优势。

▲ 古道研学照

第三节　古道研学的原则

古道研学，是由国际古道网、北京文明之路徒步运动中心专家团队经过多年实践，根据当前需要所提出的一个全新概念，指围绕古道这种特殊资源所进行的系列研学教育，以及旅行者在古道上学习相关知识的专题活动。作为一种特殊的户外学习活动，其计划、组织、实施和控制，应遵从以下六项基本原则：

一　安全

▲ 古道研学照

古道研学活动多采用户外运动形式，虽然挑战性和探险性不强，但是如果缺乏相关的准备，可能会出现危险。很多安全问题都是由于缺乏常识、麻痹大意、准备不足、应对不当而造成的，这就要求我们首先要树立安全意识，在心理、体能、技术、装备等多个方面做好充分准备，保障自身安全。在参加户外运动之前要对活动本身的特点以及风险进行了解和评估，要有针对性地学习一些基础的技能和救生知识，装备方面也要做到考虑周全、未雨绸缪，这些都是保障户外安全的前提。加之参与者主体大多数情况下是青少年儿童，组织者在各个环节都应该慎之又慎，保证活动圆满成功。

二 科学

古道研学活动，无论是开展运动的环境还是运动本身，都具有一定的客观规律。如果我们能够通过科学的方法去认识并遵循这些客观规律，在知识储备、技能训练、风险评估、意外规避等方面做好准备，就会最大程度规避风险，同时使参与者学习更多的课外知识。

三 环保

古道研学活动大多是在自然环境或者自然相关环境中进行的，会对其造成一定的冲击和破坏。这就要求我们要树立环保理念，学习环保知识。大家在活动的过程中每个细节都要注重环保，争取对自然环境的破坏降到最低。只有这样，我们才能与自然和谐相处，可持续性地享受大自然赐予我们的美景与资源。

四 文明

部分研学活动需要团队协作，这就要求每位参与者要有团队精神和文明意识，要时刻从一个团队成员的角度想问题，要处理好自身和集体的关系，这样才能充分发挥团队的力量，同时自身也能获得更好的成长。另外，有的研学活动需要与陌生人相处或者前往陌生的地区，充分尊重他人习惯和当地风俗，文明出行、文明交往是每个人都应该做到的。

▲ 古道研学照

五 健康

青少年儿童参与的研学活动，一定要考虑到孩子们各方面的身心健康。除了注意饮食卫生之外，还要注意不能让他们无节制放飞自我，应通过营造校园之中良好的心理氛围等，使其心灵获得健康成长。

六 快乐

走出教室参加古道研学活动，无论是和家长们一起的亲子互动，还是动手动脑的劳动实践，孩子们都会享受户外运动所带来的乐趣。我们还可以考虑融进各种公益内容等，使孩子们的活动更具有趣味性，使他们的收获更富有意义。

▲ 快乐

第四节　古道研学文明公约

随着经济、社会的高速发展与人们生活质量的不断提高，越来越多的人开始参与到丰富多彩的户外活动中。古道研学活动，是户外活动中极为重要的一项内容，近些年来受到越来越多的关注，尤其是受到以追求精神升华为宗旨的群体和广大青少年的追捧，呈现出可喜景象。但是，在参与户外活动的过程中，也出现了一些不和谐的因素，如在公共场合大声喧哗、随意插队、乱扔垃圾，甚至争吵打架等不文明的行为。这些行为不仅在国内屡有发生，而且在境外也时有报道，严重地损害了中国人的形象。

中国有几千年的文明史，自古以来就被称为礼仪之邦，每一个中国人都有责任维护国家和民族的形象。为了更好地开发户外

▲ 古道研学照

运动及古道践行活动，我们在广泛征求相关单位和专业人士意见后，又参照《中国公民国内旅游文明行为公约》等相关文本，拟订了本公约。本公约只是一个草案，将会在试行过程中，不断修订和完善。

1．遵守公德，文明出行

不随地吐痰和口香糖，不乱扔废弃物；不在禁烟场所吸烟；不在公众场所高声交谈，喧哗吵闹；排队遵守秩序，不并行挡道；照顾老幼病残及孕妇，礼让女士，不说脏话；低碳出行，保护环境。

2．尊重异性，保护自己

开玩笑要适度，不用言语骚扰异性队友，不对异性动手动脚；不到万不得已，不要尝试或安排不熟悉的异性使用同一帐篷或房间等。

3．了解风俗，尊重信仰

要认真了解当地的民情民俗和宗教信仰，不谈论当地宗教信仰禁忌的话题，避免与当地人员发生任何冲突；未经当地人允许，不要对着当地人或宗教器物等进行拍摄。

4．团队至上，遵纪守规

行动中要听从安排，遵守团队纪律，不擅自行动，尽量不因为个人原因给集体带来麻烦和损失；活动中要团结友爱，互相信任，互相帮助，取长补短；对他人的帮助要心存感激，对他人的错误应用恰当方式表达，以增强整个团队的凝聚力。

5. 互相尊重，勿探隐私

户外运动中，团队的成员往往来自五湖四海，只因户外运动爱好聚在一起，因此相互尊重、互相包容是十分重要的；相处中，要尊重对方的个性，不打探对方的隐私，与群体成员和谐相处。

6. 讲究卫生，行为得体

户外运动经常会在野外宿营，因此讲究个人卫生十分必要；勤换衣服勤洗澡，尤其是有特殊体味的朋友，更应该为队友着想；衣着要得体，不宜过于暴露；特殊场合，更应该注意个人行为，注重礼仪。

7. 团体活动，严禁逞能

团体活动中，安全第一；不盲目自信，不做超过自身能力的活动，以免导致自身和整个团队处于危险境地。

8. 文明饮食，就餐有序

遵守就餐秩序，不拥挤起哄，不在餐厅内酗酒、划拳、吸烟或做影响他人就餐的事情；就餐时注重细节，不大声喧哗，不要让餐具发出很大的敲击声。

9. 住宿守规，文明得体

住宿文明十分重要。要遵守住宿规定，不乱扔乱放东西，保持寝室整洁；不要在房间内大声吵闹、猜拳饮酒等，以免影响同屋人员的正常起居；不要贪图小利，拿取公共用品等，以免给他人造成不便。

10. 点滴做起，相互督促

良好习惯，要从点滴做起，同时，要告知、帮助、督促身边的亲友，以便大家共同遵守；对他人的不良习惯，要用合适的方式善意提出，切勿粗言冷语或暴力相向。

千里之行始于足下，相信在大家的共同努力和良好的社会氛围下，文明之风必将发扬光大。

▲ 古道研学照

第四章

古道研学的装备与安全防护

“坚持人民安全、政治安全、国家利益至上的有机统一，人民安全是国家安全的宗旨，政治安全是国家安全的根本，国家利益至上是国家安全的准则，实现人民安居乐业、党的长期执政、国家长治久安。”

——习近平

2018年4月18日《习近平在十九届中央国家安全委员会第一次会议上强调全面贯彻落实总体国家安全观 开创新时代国家安全工作新局面》，见《人民日报》2018年04月18日01版

第一节　参加古道研学活动的个人装备

户外装备，是指进行户外活动需要配置的各种设备。适当的户外用品，能够使我们在户外活动中安全、舒适、顺利地达成目标，所以了解、配备并使用好户外装备，是户外生活中一项非常重要的任务。

古道研学活动应根据实际需要选用装备，以下物件仅供参考（某些专业性较强的活动，如潜水、攀冰、自行车等，需要各自专业的装备，此处不作特别介绍）：

一　服装

1. 衣裤

夏季，我们可以选择穿着速干衣裤。现在市场上有各种面料的速干衣，可以将汗水迅速地转移到衣服表面，然后通过空气流通将汗水蒸发，从而达到了速干的目的。据测：一般的速干衣的干燥速度比棉织物要快50%。速干衣裤也可以穿在里边，起到一定的保暖作用。

其他季节，防风保暖问题会比较重要，穿着比较多，我们分三层介绍：

（1）贴身内衣

贴身的第一层内衣，建议不要穿棉织品。棉质内衣裤虽然舒适，但是吸水性强而不容易干，吸汗但不透气，所以在剧烈运动、大量流汗的户外活动中反而不利于保暖。

排汗内衣是不错的选择。它能快速地将身体分泌的汗水排到外边，不停留在体表。体表干爽才是保持体温的最佳方法。

（2）保暖衣物

户外保暖衣物主要有抓绒和羽绒两种。

抓绒衣分很多品种，主要功能是保暖、透气。普通抓绒需要和冲锋衣等搭配使用，弥补其他衣物不保暖的缺点；防风抓绒（又称软壳）一般可以单独使用，弥补了普通抓绒不能防风的问题，但是透气性稍弱于抓绒，但不防水。

一件专业的户外羽绒服保暖性可能是最好的，而且携带方便。但是被水打湿后会基本丧失保暖效果，所以面料一定要有好的防水效果。

（3）防风衣裤

冲锋衣（又称硬壳）是当代户外运动爱好者的必备装备之一。现在的户外活动中，很多人都会在最外边穿着冲锋衣裤。冲锋衣顾名思义就是冲顶时所穿着的衣服，它可以由多种面料制作，但是材料必须能实现防风、防水、透气等功能。

2. 帽子

（1）遮阳帽

有长舌、鸭舌、全檐式等种类，主要用于防晒护眼。

（2）保暖帽

头部的表面积占整个体表面积不到1/10，但是低温下由头部失去的热量有1/3到3/4，所以有必要用抓绒帽或抓绒头套等保护。

3. 手套

因为使用很多，所以手部尤其手指是最难保暖的部位。为防止冻伤，我们应该使用分指手套或并指手套，特殊情况下还应一起使用。防水、防风、透气材料制成的，应作为首选。

4. 袜子

户外活动中应该使用排汗性能好的袜子。低温环境中活动时毛袜也是必备的防寒物品，两者可以套在一起使用。

5. 鞋子

“千里之行，始于足下。”鞋是驴友们户外生活中应当优先考虑采购的装备。户外鞋大体有以下几大分类：高山系列（亦可称重型登山靴）、低山系列（亦可称重型登山鞋）、穿越系列（亦可称中型登山鞋）、越野系列（亦可称越野跑鞋）、攀岩系列（亦可称攀岩鞋）、徒步系列（亦可称中型旅游鞋）和溯溪鞋。

重型登山靴：为登雪山而设计，靴帮设计很高，具有很强地抗冲击力，可装冰爪。

重型登山鞋：主要用于海拔6000米以下的攀爬冰壁或冰雪混合的岩壁。

中型登山鞋：是目前较多使用的一种，属于高帮鞋。可以避免在复杂路面中行进造成脚腕扭伤，适合低山、峡谷、荒漠、戈壁等较为复杂的地形，适应中长距离负重徒步。

越野跑鞋：材料轻、软，适合于行走奔跑，适用于平坦较好的山地路面，并不适合普通驴友登山。

攀岩鞋：攀岩专用。方便攀岩者在岩壁之间更好的使用蹬踏等技术动作。

中型旅游鞋：适用于普通旅游者在城市间和普通的野外环境中使用舒适。

溯溪鞋：排水性好，耐磨，经常出水入水。

参加一些挑战性的活动，一双好的登山鞋非常重要。我们在选购的时候，不应采取大一号购买的方式，而是一定要亲自去试穿。最好是傍晚脚浮肿状态下，穿上较厚的袜子，系上鞋带脚趾应该感到宽松，走动舒适才好。

6. 雪套

在雪地上，雪套可以防止雪粒进入鞋内，可以保暖等。根据雪套与高山靴等连接的方式，可以分为挂式雪套、套式雪套、连体雪套三种。

7. 雨披

虽然我们的很多装备都有防水功能，但是夏季出行，雨披还是必备用品。

8. 魔术头巾

魔术头巾又称无缝头巾，适用各项户外运动，会发挥很多意想不到的作用。

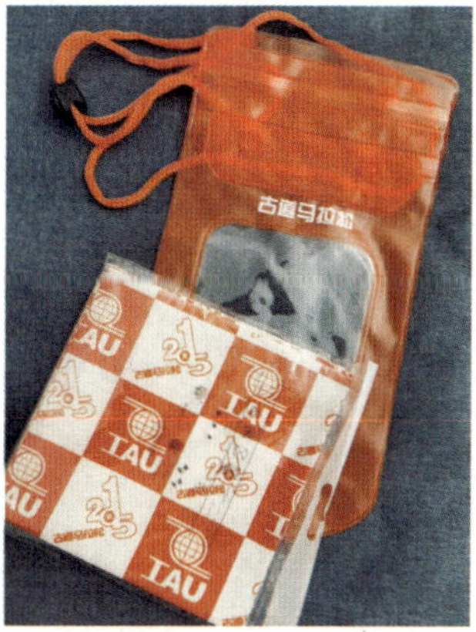

▲ 魔术头巾与防水袋

二 护具

1. 眼镜

沙滩或雪地活动时要戴黑色的太阳镜或防护眼镜或滑雪用的全罩式雪镜等。

2. 护膝

护膝的作用有三点：一是制动，二是保温，三是保健。对儿童帮助很大。

3. 防晒霜

儿童抵抗紫外线的能力很弱，皮肤没有发育成熟，所以要及时涂抹防晒霜。

4. 暖水瓶

寒冷天户外，携带轻便而保温性能好的水瓶，对保持体温有很好的作用。

5. 保温袋

在酷热的夏天和寒冷的冬天中，令饮食更鲜美可口。

6. 头灯

如果需要在昏暗环境活动或过夜，则应该携带头灯并保证电源充足。头灯比手电等使用方便，而且在关键时候可以指示位置，用于求救等。

7. 防风打火机

用处不小，生火必用，应急时作照明。

8. 防水火柴

应急之用。

9. 哨子

用于让同伴知道自己位置，集合队伍或者求生。

10. 指南针

野外辨别方向。

11. 手机

帮助联络和求救。

12. 对讲机

团体活动中用于前后呼应。

13. GPS（全球定位系统）

帮忙定位、定线路、防迷路、记录轨迹。

▲ 户外装备：GPS

14. 户外手表

测海拔、气温、气压、带电子罗盘、计时和闹钟等功能。

15. 医药品

感冒药、消炎药、好得快、黄连素、止血绷带、创可贴、维生素药片、眼药水、红花油等。

16. 备用食品

压缩饼干、巧克力、牛肉干、葡萄干、能量棒、红牛饮料等。

三 背包

1. 类别

背包根据用途分为一般野营、专业登山和日背包、休闲用包、摄影专用包和其他专用包；根据背负系统结构划分为外架包、内架包和软包；根据容量分为小型背包（30升以下）、中型背包（30—45升）和大型背包（45—80升或更高）。

▲ 背包

我们选择的时候，一天

的活动选择中小型背包，两到三天的野外露营活动，45—60升的背包合适，长途穿越或雪山攀登活动应选择65升以上的大型背包。

2. 调整

背负系统好坏是衡量背包好坏的重要因素。大型背包背负系统使背负重量均匀分散到背上和腰上，并可调节。我们应该认真调整，使整个背包处于最适合自己的状态。

3. 装填

装填背包绝对不能将所有物品胡乱扔入背包，一定要正确、合理装包，这样才能使我们背得舒服，行走愉快。

一般来说，重的物品置于中上部，紧贴背部的位置，让背包的重心高些（装填时男生的重物置高些，因为男生的重心位置接近胸腔；女生则低些，重心位置接近腹部，重的物品尽量贴紧背部，让重量高于腰）。燃料油与食物须分开摆置，注意炉具或锅组的装填不要令背部不舒服。要记着使用背包罩，避免弄湿或污损背包。

4. 背法

上包时候先右腿跨前大半步，身体稍下蹲（如果是左撇子则相反），拎着背包肩带中间的提袢，把背包提放到右腿上并扶好；然后左臂穿过肩带，顺势用左肩将背包负起，并将左臂穿过肩带，顺势用左肩将背包负起，保持直腰向前弯腰的姿势；将右臂也从肩带中穿过，把腰带和胸带都扣上，站直身子，再把腰带和胸带收紧；最后，从上至下把肩带收紧带，并检查其他部位是否都已收紧。

下包时候，先弯下腰，然后将左带放松后将左臂穿出，顺势将背包架在右腿上，左手拎着提袢将右臂穿出后，将背包放下。

5. 维护

每次活动回来，应该将背包清理干净。背包有PU涂层，不可用洗衣机清洗，用干刷子刷然后用湿布擦。清洗背包再置于阴凉处风干，避免曝晒。背包被划破要及时缝补。

平时背包须收藏在阴凉、干燥的环境，避免发霉损害背包布外层的防水镀膜，拉链该换就要换。

四 登山杖

使用登山杖有很多好处：如提高步行的稳定性，减轻腿部的负担等。据研究，行走时使用登山杖可以减轻至少22%施予腿部和膝盖等肌肉关节的力量。

青少年参加户外活动时可以选择使用115cm的儿童杖。

▲ 登山杖

五 水袋

户外水袋有两种；一种用于野外取水，一种用于运动中饮用水。它们携带方便，而且可以科学有效地利用户外活动中最宝贵的生命之水。

但是必须要把水袋的安全——无毒放在第一位。所以平时要注意清洗，避免任何硬物刺刮，并尽可能不装饮料只装水。

六 野营装备

1. 帐篷

（1）类别

帐篷品种很多。根据使用需求可分为露营、高山、沙滩、钓鱼、打猎、救灾、丛林、军用等；根据使用人数可分为单人、双人、三人、多人帐；根据使用季节可分为三季帐、四季帐和高山帐。我们一般选择使用三季双人帐，春夏秋普通休闲露

▲ 户外帐篷

营或穿越活动中都可以使用。

帐杆分玻璃纤维杆和铝合金杆以及碳纤维。玻璃纤维杆价格便宜，但是容易老化、脆裂、易折断、重；铝杆优点是轻便、强度大，缺点是价格比较贵。建议大家选择铝杆帐篷。

（2）使用

帐篷使用过程中，应该注意以下事项：

- 帐篷不要放置在高温处暴晒，底部也不要放在高温的沙滩和地面上，否则防水性能会下降；
- 搭建帐篷时，外帐要绷直，避免和内帐接触，以防止水渗透，内帐则可以放松点；
- 收帐篷时要慢慢卷动，赶跑帐篷内的空气，否则空气会突破防水层，影响防水性能。

2. 睡袋

在普通气候条件下的活动中，我们可以根据温标，选择使用杜邦棉或其他棉的睡袋，这种睡袋一般价格比较低廉；在高寒地区的活动中则应选择容易压缩，体积、重量都小的高质量羽绒睡袋，一般1.5—2公斤的充填绒量可供选择，这种睡袋价格相对昂贵。

3. 防潮垫

一般使用物理防潮垫或充气睡垫，用于与地面潮气隔离，保持体温，保证睡眠质量。

4. 地席

保护帐篷底面免受磨损，一般选择携带轻巧方便的铝膜地席。

5. 炊具

一般指炉头（分油炉和气炉）和燃料气罐等，用于野外煮食、烧水等。

6. 餐具

野餐用的套锅、碗、刀、叉、筷子等。

7. 营地灯

在营地用或者在帐篷内用。

▲ 营地灯

第二节　出发前的准备工作

“天有不测风云，人有旦夕祸福。”户外尤其如此。完备的前期准备工作，可以使我们在各种意外面前不至于惊慌失措，最大程度上保证自己和队友的生命及财产安全。

（1）出发前要认真了解目的地的情况，要知道线路的特点，要通过网络等了解这个地方有没有出过安全事故，是怎样出的，如果出现同样的问题我们应该如何正确处理；要了解队友的情况，尤其是团队中最弱小队员的体力等情况，他们能不能完成整个活动，他们可能出什么样的状况，如果队友出问题我们应该怎么处理。

（2）要知道活动期间的天气状况，要知道特殊的天气会对活动可能产生的影响，要携带好应对雨雪等天气的装备。

（3）要准备充足的食物和饮用水。不但带够运动过程中会更多消耗的食物，而且要准备迷路等意外情况下备用的能量补充用品，尤其是饮用水。

（4）一定要带好手电筒、头灯等工具，而且每次出发前要认真检查，保证其能够正常使用，并携带足够的备用电池，以便迷路等意外情况下夜间安全照明使用；要准备好迷路等情况发生后的应对措施，如带好地图、指南针、呼救口哨等。

（5）要准备一些常用的治疗感冒、外伤、中暑、蛇咬的药品。团队中还应该备有三角巾、绷带等用品，保证自己和队员意外伤害时紧急使用。

（6）准备适合线路特点的的鞋子、服装等。有难度的线路，必须要穿登山鞋、冰爪等，以保证安全行走。

（7）野外环境早晨夜晚天气较凉，要及时添加衣物，防止感冒、失温等情况的发生，要知道有的环境中这些情况会带来致命的后果。

（8）出发前或者行程中一定要注意充分地休息，以保证有充足的精力参加活动。

（9）特殊线路的必备装备，如太阳镜、刀、火种一定要带好。这些平常不怎么用到的东西，关键时候会发挥极其重要的作用。

（10）要将各种急救电话谨记于心。匪警：110，火警：119，急救：120，交通事故：122。要保证手机电量充足并带好备用电池。要让家长知道活动地点、线路、时间，还有领队联系电话，并将家中紧急联系人及联系电话告知领队或写明带在身上。

第三节　春季活动注意事项

▲ 古道研学照

春天来了，万物复苏，正是我们亲近大自然和锻炼身体的好时节。但是这个季节天气变化大，细菌、病毒等微生物十分活跃，安全隐患很多，那么我们在户外活动中应该注意哪些方面呢？

1. 注意保暖

春季天气变化无常，白天忽冷忽热，早晚温差很大，而且细菌、病毒十分活跃，我们如果不注意保暖，很容易引起感冒。所以进行户外活动的时候，要适度增减衣物，注意防寒，儿童和老人等抵抗力较差的人还要戴好帽子、手套、围巾等。

2. 重视天气预报

春季虽然到来，但是大雪、大风等恶劣天气还是有可能降临，这会对我们的户外安全构成比较大的威胁。所以我们应该在出发前密切关注天气预报，了解当地的积雪情况等，根据可能的情况做好准备工作，保障自己和同行者的人身安全。

3. 认真选择活动地点、线路等

要选择安全的活动地点。尽量不要去海拔高有积雪的地方；避免选择太长、有难度、不熟悉的线路；不要在有冰的河流或湖泊上随便踩踏玩耍，以保证活动者的人身安全。

4. 注意避风

春季气候干燥，风沙较大。我们应该用帽子、围巾等保护身体平常裸露的部位，并且要多用鼻吸口呼的呼吸方法，以免呛风，也防止灰尘侵害诱发鼻炎等呼吸道疾病。休息时不要坐在潮湿的地上，要避开风口处。出汗时不要脱衣服摘帽子，以防伤风受寒。

5. 先热身，后放松

窝了一个冬天，当大家沐浴着春风恢复爬山锻炼时，一定要循序渐进，不能一上来就加大运动量。每次出门前一定要做一些简单的热身运动，活动开关节，然后按照一定的呼吸频率，逐渐加大强度，避免运动中突然发生变化。锻炼结束后，要放松一下，这样就能更好地保持肌群能力，使血液从肢体回到心脏。

6. 多带一些零食

春季进行爬山、越野等耗时长、体能消耗大的运动时，体力较差的人会出现低血糖症状。所以要多准备一些巧克力、苏打饼干等零食以及含糖饮料，在备出现头晕、手颤等反应时及时食用。另外在野外天气发生剧烈变化从而影响正常行程时，也需要应急食品度过危机。

7. 多喝水

在爬山等户外运动中容易出汗，当我们感觉口渴的时候，身体实际上已经处于缺水状态了，所以我们即使口不渴也要注意补充水分。科学的饮水方式是：在爬山前10—15分钟先饮一部分水，爬山过程中要做到少量多次，再口渴也不要暴饮，应该先喝一口，含在嘴里慢慢咽下，然后过一会儿再喝。使用水袋是一种较好的方法。

8. 轻装运动

春季到来后，因为冬季大家活动相对少一点，所以身体需要一个适应过程才能慢慢达到最好的状态。这时候我们的运动量要循序渐进，出门时要注意少带行李，轻装前进，不要给身体带来太大的负担。

9. 路边的野菜不要采

春季到户外活动，很多人喜欢采一些野菜回家食用，这样做除了会破坏环境外，还会对自身产生不良影响。路边的野菜可能受汽车尾气排放污染而铅含量超标，河边的野菜也可能因水污染而有毒。而且新鲜的野菜如果过量食用，也可能会伤及脾胃。

10. 防止虫害

春季鲜花盛开，大量昆虫也出来活动，我们在户外活动时尤其要注意防虫。踏青时不要抹香水、发胶和其他芳香的化妆品，甜品和含糖饮料要密封好，以免招惹昆虫。若被蜂蜇，应立即挑出毒刺，用清水冲洗伤口并涂上香皂水，用碱性去除蜂毒，然后立即到医院治疗。

第四节　夏季活动注意事项

一　野外活动中如何防治蛇类咬伤

夏天到野外活动的时候，在树木草丛繁茂的地方可能会有蛇类出现，这会给我们的安全带来一定威胁。我们应该怎样做，才能预防受到蛇类的伤害呢？

▲ 古道研学照

（1）到蛇虫较多的环境中去活动，尽量穿长袖衣裤和高帮登山鞋，戴帽子，扣紧衣领、袖口、裤脚等，并携带好各种预防及救治用品，做到有备无患。

（2）经过草丛、灌木林等容易遭遇蛇类的地方，要用登山杖或长棍探路或敲打地面。绝大多数蛇类不会主动攻击人，它们听到声响会躲开，但是眼镜蛇等攻击性较强的种类感觉到危险可能会主动攻击，所以一定要小心翼翼。如果匆忙走路时踩到蛇身上，就很容易被咬伤。

（3）经过密林时候，尽量不要倚靠树木休息或者抓树枝借力；在摄影、伐取灌木、采摘水果时也一定要仔细观察。经常会有伪装得很好的蛇类栖息在树枝上面，除此之外还有蚂蝗等动物。

（4）蛇是冷血变温动物，要达到一定温度以上才会出来，而且活动有一定规律：大多集中在上午9时至下午3时，下午6时至晚上10时等时间段；闷热欲雨或雨后初晴时，蛇经常出洞活动；雨前、雨后、洪水时频繁出动；另外，某些品种的蛇类比如蝮蛇对热源很敏感，有扑火习性，所以夜间行路用明火照明时，也要防避毒蛇咬伤。在南方，5—10月是蛇伤高发期。

（5）如果遭遇蛇类，不要慌乱失措。如果我们停在原地不动，蛇往往会逃遁离开；有的蛇（如眼镜蛇等）可能会摆出攻击的姿态挡住去路，我们应慢慢后退着离开危险地带，寻找别的道路；如果情况万分紧急或别无他法逃跑时，应选择山坡方向，忽左忽右地奔跑以摆脱攻击。

（6）在野营时要注意选择地点，避免在阴暗角落或蛇鼠洞多、乱石堆或灌木丛中扎营；营地上及周围的杂草要铲除干净；另外，我们要挖好一条较深的排水沟，防水的同时也会较好地防止蛇类的光顾。

（7）蛇类较多的地区，我们可以在营地周围撒上雄黄、石灰粉、草木灰等阻断蛇类行动路线，准备不足的时候，燃后的灰烬也能起到部分作用。

（8）要注意自己在林木、草丛、乱石上久放的背包或衣物，在使用前要小心查看一遍，防范蛇类躲在下面。露营时一定要将帐篷拉链完全合上，不要让蛇循热源进入。睡前要认真检查床铺，压好帐篷边角。早晨起来时，要检查不在帐篷里边的鞋子等。野外环境打地铺时，多用树枝、树叶或细竹垫铺，尽量不要用杂草。

（9）注意保持营地的清洁，所有垃圾必须及时掩埋，不能随便泼洒剩余食品等，这些东西可能会把蚂蚁等昆虫还有鼠类引来。它们又会吸引蛇类，进而威胁我们的生命安全。

（10）被蛇咬伤后，应先分辨是受到了有毒还是无毒蛇的攻击：无毒蛇咬伤常见几排细小的牙痕，毒蛇咬伤则会有一两个或三个比较大而深的牙痕；现实中多数情况下伤口可能模糊不清，在分不清咬伤类型的情况下，应按毒蛇咬伤处理。被毒蛇咬伤自救时，先用绳索、布带等将距伤口的近心端5厘米处包扎住，防止毒素继续在体内扩散（注意每隔15～20分钟要松开一点包扎1～2分钟，以防肢体缺血坏死），然后迅速赶往专业医院进行救治。还有，我们的急救包中应准备蛇药，被咬伤后按照说明书使用。

二 雷雨天户外活动注意事项

夏天到户外活动，到处绿树成荫，令人心情舒畅，不过由于天气变化比较剧烈，经常会遇到雷雨天气。虽然雨后的彩虹非常美丽，还可能看到壮观缥缈的云海，但是雷电也在威胁着大家的生命安全。户外活动时遇到雷雨天气，应该怎样应对呢？

▲ 雷雨天出行

（1）如果天气预报有雷雨，我们不要选择去空旷的野地中徒步，不要到湖海等水多的地方游泳、划船或是钓鱼，也不要选择登山、爬长城等方式登临高地，这些运动方式可能使我们处于危险的状态。

（2）遇到雷雨天，如果看见闪电之后几秒钟内就听见雷声，说明正处于近雷电危险区；如果头、颈、手处有蚂蚁爬走感，头发竖起，说明即将发生雷击。这时我们要立即停止行走，千万不能奔跑，要两脚并拢，立即下蹲，同时双手抱膝，胸口紧贴膝盖，尽量低下头，或者赶紧趴在地上，千万不要拉别人的手，这样可以减少雷击的伤害。

（3）雷雨天气中，不要快骑摩托车或自行车，不要迈开双腿在雨中狂奔。因为身体移动的跨度越大，电压就越大，也越容易伤人。如果想快点离开或者已经身处雷场，建议双脚并拢，跳离现场。

（4）雷雨天不要停留在高处，比如山顶、山脊、长城上、建筑物顶部等地方，也不宜在草甸、田地、操场、广场、湖海等空旷的地方停留，还要远远离开高压线。

（5）不要在大岩石下、山洞口、大树下躲避雷雨。如果是万不得已，来不及离开高大物体时，则应该尽量保持3米以上的距离，下蹲并双腿靠拢。如果脚下放些干燥的绝缘物则更佳。

（6）雷电通常会击打物体的尖顶，除了树，羽毛球拍、高尔夫球棍、雨伞和鱼竿等物品也可能增加有效高度，变成重要的目标，所以千万不要把它们高高举起或者扛在肩膀上招惹雷电。

（7）雷雨天要远离金属物体。不要佩带金属饰品和手表，不要使用金属柄的雨伞、鱼竿、球拍等，不要接近建筑物外露的金属物体，如水管、煤气管、铁皮等，要远离户外电力设备等。

（8）由于水的导电性很好，在水里非常容易遭雷击，所以划船、游泳时如果遇到雷电，我们应迅速离开水域。水陆交界处的雷击频率也很高，所以要完全离开这些地方，寻找安全地带躲避雷电威胁。

（9）雷雨天气千万不要使用手机、对讲机、广播等无线通信器材，应将其完全关闭并放置到不直接接触人体的背包等处。当然，也要注意保护这些电器不要进水，防止其功能遭到损坏。

（10）如果人遭到雷击，往往会出现“假死”状态，经过专业训练的人员可以对其进行口对口人工呼吸和体外心脏按压，但是抢救的同时必须以安全方式拨打电话通知医院或急救中心来现场抢救处理，这样受害者生还的希望更大一些。

三 夏日户外活动时如何防治中暑

夏天是个充满诱惑的季节，孩子们有长长的假日可以用来参加户外活动。但是炎炎烈日使大家伙儿随便动动就会挥汗如雨，如果处理不当可能会导致中暑，造成严重的后果。中暑是指人因为长时间的太阳照射或者长时间处在高温环境下，身体的温度上升而高于人的正常体温，从而导致人体内循环系统紊

▲ 夏日活动

乱而出现的症状。如果在夏日户外活动中我们出现头晕、头疼、口渴、浑身酸软、四肢无力，尤其是体温升高、脸色苍白、出汗严重等明显症状，就预示着我们可能要中暑了。中暑是一种急性疾病，严重的时候能引起休克，甚至死亡，所以我们一定要认真对待。大家在户外活动时如何防治中暑呢？

1．要及时、正确地补充水分

在高温环境中进行高强度运动，我们会出大量的汗，导致身体内的水分大量流失，所以我们要及时地饮水，以补充身体内的水分。但不要等到口渴才喝水或者一次喝下大量的水，应该根据情况有规律少量多次饮用，这样是最合理的。

2．要有必备装备防止中暑

夏日出行，要注意合适的装备：遮阳帽可以避免头部被太阳直射，对抵挡太阳的高温辐射有重要作用；太阳镜可以避免眼睛被强光灼伤，保护眼睛；保温袋等可以保持水等饮品的低温；凉鞋或凉拖鞋可以使我们在休息时肢体更容易获得清凉；服装尽量选用棉、麻、丝类的织物，少穿化纤类衣物。

3. 备好防暑的药物

藿香正气水（胶囊）能散热解暑，解毒辟秽；人丹主治中暑受热引起的头昏脑胀、恶心呕吐、腹痛泄泻等症状；清凉油能提神醒脑，给人以凉爽、舒适之感；十滴水能消暑解热；风油精能清暑解毒，镇痛祛风；六一散主治夏日中暑、身热心烦、口渴、小便黄少或灼热。我们可以根据情况选择其中两至三种带在身上。

4. 一定要保持充足的睡眠

出行前一夜，我们很容易兴奋得睡不着觉，这是很不好的。夏季本来就白天长、黑夜短，我们如果睡眠不足，就会导致出行期间精神状况不佳、身体疲惫不堪等情况，这更有可能导致在户外活动过程中中暑。

5. 要注意控制运动量

夏日在户外运动，因为高温等原因，身体水分很容易流失，如果运动强度过大，消耗体力太多，体温就特别容易升高，如果控制不好就有可能造成中暑的严重后果。所以，控制运动量是很重要的。

6. 出行要避开烈日暴晒

夏日户外出行，我们不但要备好防晒用具，还要注意安排好时间，尽量不要在上午10时至下午4时的烈日下长时间行走，因为这个时间段的阳光最为强烈，温度较高。据统计，这个时间段发生中暑的可能性是其他时段的10倍。

7. 食用水果要注意区别情况

夏天食用合适的新鲜水果，可以补充我们身体的水分，有利于防止中暑。但是如果已经中暑，那么就要避免大量食用生冷瓜果，这些寒性食物不利于已经出现问题的身体恢复健康状态。

8. 经常用洗澡等方法降低体温

夏季进行户外活动的过程中，如果条件容许，在安全能够得到保证的前提下，我们应该用洗澡等方法适当降低体温，防止身体的水分过分蒸发。如果条件不容许，可以用洗脸、洗手、泡脚的方式局部降温，保持身体的正常温度。

9. 出现中暑症状后要避免活动

如果有人出现中暑情况，应该让患者远离高温日照的环境，将其转移至阴凉处。但是要注意不能让患者勉强活动，或者长途搬运他到其他地方，要尽量让患者平躺并安静休息，避免体温进一步升高。

10. 要正确救治中暑患者

对轻度中暑的患者，可以为他解开衣领或者脱去外衣，让其马上饮水（最好是淡盐水），按照正确方法使用药物，并用湿毛巾敷额头，用冷水擦拭身体。若患者症状较严重，应立刻将其转移到阴凉通风处，尽快降温，并用正确的药物救治，同时立刻联系附近医院接受治疗。

四 户外活动如何防治各种虫类叮咬

（一）如何预防各种虫类叮咬

1. 避开虫类出没的环境

▲ 防止蚊虫叮咬

尽量不要在草丛当中穿行，不要在潮湿的树荫下、草地上以及水边长时间坐卧，不要过分接近容易招惹蜂类的鲜花等，不要随意进入水中。不要在靠近水源的地方扎营，在野外宿营之前可以点燃艾叶、青蒿、柏树叶、野菊花等驱赶蚊虫。

2. 充分利用各种装备

在户外活动时尽量穿长袖衣服和长裤，并扎紧袖口、裤脚，系好领口，不要穿凉鞋，可以佩戴防虫帽来保护脸部。也可以穿着具有防蚊驱虫效果的快干衣，佩戴电子驱蚊手表、防蚊手镯等，会有更好的效果。

3. 正确使用驱虫剂

需要在皮肤暴露的部位喷洒驱虫剂，但应避免驱虫剂直接接触脸部、伤口或者皮肤红肿处。避免儿童接触驱虫剂。可以在袖口、袜子和裤腿上喷一些驱虫剂，一定程度上能够防止虫类爬到身上。驱虫剂的保护时间一般会达到8小时，但因为流汗稀释，最好能随身携带，随时涂抹。

4. 注意个人卫生和生活细节

经常洗澡，去除体味，保持肌肤清洁，可以减少对蚊虫的吸引。最好少用香皂，也不要涂抹香水、发胶或其他芳香的化妆品，以免吸引喜爱甜味和花香的昆虫。最好穿黄色、白色等浅色衣服，既可以降低被蚊子叮咬的几率，还能及时发现身上附着的虫类。

5. 巧妙使用维生素B

维生素B有驱蚊的效果。当它被摄入人体后，经过体内代谢，会有一部分代谢产物随汗液分泌到体表，这种代谢产物有一种使蚊子不敢接近的特殊气味，能起到驱蚊的作用。也可以将维生素B片碾碎用水化开，涂抹在裸露的皮肤上，既能驱蚊也能止痒。

6. 利用饮食调整体质

进行饮食调理，适当改变体质，使身体所排出的汗液的酸性浓度降低，能够减少被蚊虫叮咬的几率。蚊虫很讨厌大蒜的味道，吃大蒜能够让蚊虫对你敬而远之。平时还可以多吃一些富含维生素B的食物，如糙米、豆类、干果、水果、绿色蔬菜、奶类、海鲜、动物肝脏、瘦肉等。

（二）被各类蚊虫叮咬之后应如何处理

（1）被蚊子叮到之后我们会习惯性地马上去抓挠，可是抓挠之后会出现红肿，而且越抓越痒，还不易消退。如果坚持不抓，一般10～15分钟后，痒感就能明显减轻了。另外，我们还可以利用很多物品来止痒消肿：可以在红肿处涂抹浓肥皂水、少量洗衣粉或香皂；可以涂抹花露水或风油精等驱蚊类药物；可以将芦荟叶、蒜瓣、西瓜皮切开之后涂抹肿块；可以将阿司匹林药片或者维生素B片磨碎后，用水调成糊状涂抹肿块。

▲ 古道研学课

（2）被蜂蜇后，应立即用小镊子夹住毒刺根部将其拔出，用清水冲洗伤口。可以在红肿处涂上肥皂水，用碱性去除蜂毒；可将废茶叶捣烂之后敷在红肿处，起到止痛、消肿、止痒的作用；还可以把酒洒在被蜇处，也具有一定效果。如果情况严重，最好立即到医院治疗。

（3）如果发现蜱虫叮住了皮肤，不要惊慌，一定不能直接用手强行拔，这样会拔断它的口器，口器和有毒成分还是会残留在皮肤内。应立即用酒精涂抹到蜱虫身上或者用点燃的香烟去烫蜱虫的身体，一般来说蜱虫会自动从皮肤内退出来。

（4）如果被蚂蟥叮咬，也不能直接用手强行拔，越拉它的吸盘会吸得越紧。一旦吸盘被拉断留在伤口内，会引起感染。可采用在被叮咬部位附近猛击一掌的方法让其脱落，也可以将肥皂水、浓盐水、酒精等滴在蚂蟥的吸盘处，或者用点燃的香烟去烫蚂蟥的身体，蚂蟥一般会自动松口脱落。

（三）小虫入眼或入耳后应如何处理

（1）如果有小飞虫不慎飞入眼睛，不要用手揉眼睛以免损伤眼球。应该用手指撮起上眼皮使眼泪流出，小虫一般也会随之出来。如果没有出来，需要将手洗净之后，用手指轻轻翻转眼睑，用棉棒轻轻拭去小虫。

（2）如果有小虫爬入耳中，不要乱挖以免进入更深。应该紧闭眼睛和嘴，一手捏住鼻孔，一手遮住另一只耳朵，尽力屏气，不久之后小虫就会爬出。也可以将耳中滴入少量的油，小虫一般也会随之浮出。如果还是不奏效，可以用注射器向耳内注射温水，水被鼓膜反射之后外流会将小虫带出。

第五节　秋季活动注意事项

秋高气爽，正是外出进行户外活动的好时节，古人很早就有秋季登高的习俗了。不过秋季因为多风、干燥、白昼较短，也会给我们的户外活动带来一定的隐患。我们应该注意哪些方面呢?

▲ 秋天到了

1. 出发之前要关注天气预报

虽然秋季是个适合进行户外活动的季节，但也不是每天都是秋高气爽的好天气，也会出现大风、降雪、霜冻等恶劣天气。所以出发之前一定要关注天气情况，做好各项准备，并且避免在恶劣天气时出门。

2. 充分准备，设计合适的路线

秋季非常适合登山或者徒步远行，但是因为落叶等会遮盖路径，引发迷失道路等户外安全事故。所以在出行之前一定要充分做好准备，尽量详细地了解活动路线，带好地图、指南针等各种装备，并且最好由有经验的领队带队，不要贸然行走陌生路线，以免发生迷路等危险。

3. 注意保暖，避免受凉

秋季温差较大，早晚气温比较低，所以最好准备帽子、抓绒衣等，以备不时之需。在户外活动时应根据气温的变化来增减衣物，不宜忽冷忽热。锻炼出汗之后要注意保暖，切忌穿着汗湿的衣服在冷风中逗留，以防着凉。

4. 运动之前做好准备活动，防止拉伤

秋季早晚气温较低，如果不提前做一些准备活动就进行剧烈运动，会引起关节韧带拉伤、肌肉拉伤等问题。所以在进行登山等活动之前，一定要做一些比较缓和的准备活动，让身体慢慢适应运动的状况，等到身体微微发热，再开始较为剧烈的运动。

5. 活动旺季应注意环保等

秋季是户外活动的旺季，出行应提前安排好交通、住宿等问题，更应该注意环保。如果要进行两天以上的徒步远行，尽量不去热门的路线，以免给当地生态带来较大的破坏；人多时行走都要走步道或清晰可辨的道路，整支队伍走成一条直线；做到欣赏而不是采摘红叶等，把最美好的秋色留给大众。

6. 运动前后和过程中要多饮水

秋天的气候比较干燥，人本身肝气偏旺，容易引起咽喉干燥、嘴唇干裂、鼻子出血等症状。所以我们在运动前后和过程中一定要注意多饮水，多吃一些滋阴润肺、补液生津的食物，如梨、芝麻、蜂蜜、银耳等。如果运动时出汗过多，可以补充

一些盐和糖，以维持体内电解质平衡，防止出现肌肉痉挛、低血糖等不良生理反应。

7. 户外活动时注意避风

秋季也是多风的季节，如果长时间受到强风吹袭，会对我们的健康造成伤害。所以在户外活动时最好穿着具有防风效果的外套，如果需要还要佩戴帽子、头巾等。尽量不要在山顶、峡谷、风口等风力较大的地方长时间停留，以免发生危险。

8. 野外活动要特别注意防火

秋季风大干燥，是防火的重要季节，稍有不慎就会造成难以估量的损失。所以在野外活动的时候一定要提高警惕，在林区严禁携带火种和使用明火。即使是在允许用火的区域，也要警惕风向和周围的环境，并且提前做好预防措施。

9. 尽量不要采摘野果、蘑菇等

秋天是各种果实成熟的季节，不过我们在户外活动时最好不要采摘野果或者蘑菇，因为我们大多数人都缺少相关的知识，很可能发生过敏、中毒等事件。另外这些果实也是很多小动物的食物，我们还是应该将这些东西留给它们来享用。

▲ 不要随意采食野果等

10. 做好时间规划，提早返程

秋季的白天较短，所以在出行的时候要做好时间规划，注意控制路线的远近和时间安排，尽量提早返程。最好在黄昏之前就离开户外的环境，返回到道路、村庄等较为安全的地带。一定不要逞强完成目标或者存在侥幸心理，尽量避免出现天黑之后还滞留在外的情况。

第六节　冬季活动注意事项

冬天，北方经常雪花飘飘、寒风刺骨，大多数小朋友们都不喜欢出门。其实，冬天出门户外，有很多好处：

首先，它可以磨练我们的意志，增强我们的体质，提高我们御寒的能力，从而提高我们抵抗各种疾病呢的能力。

▲ 冬季出行

其次，它可以加快我们的血液循环，增加大脑氧气的供应量，增强血管的弹性，加快机体的新陈代谢，这可以消除每个人大脑因长期紧张学习带来的疲劳，增强记忆力，提高我们的学习效率。

最后，冬天的紫外线会带来不少好处。夏季，过度地暴露在紫外线下对人体会产生一些不利的影响；冬季，阳光中的紫外线能够杀死人体皮肤、衣服上的病毒和病菌，有消毒作用。另外，紫外线被人体皮肤吸收后，还能够将血液中的胆固醇转化成维生素D，从而促进身体对钙的吸收。

但是冬季因为气温低，户外活动也存在一定风险，要特别注意安全。

一 冬天参加户外活动的基本注意事项

（1）锻炼前要进行适当的准备活动。活动开关节，防止肌肉拉伤、关节扭伤。

（2）穿着要注意保暖、防风。尤其是锻炼后，更是要注意穿好衣服，以防感冒。

（3）一定要掌握好运动量，千万不能过度。因为冬季锻炼对于人体的体能消耗更大。

（4）气温骤降时，要减少户外活动，或者变为室内活动，否则可能伤害身体。

（5）户外活动要循序渐进，持之以恒。坚持每天运动比偶尔过量的活动效果更好。

二 下雪天户外活动注意事项

▲ 下雪天户外活动

下雪后，大地穿上银白色的外衣，景色非常美丽，这时候进行户外活动，不但可以拍摄到漂亮的照片，还可以磨练我们的意志，增强身体的抵抗力。但是，下雪天外出活动的危险指数也大大增加了。怎样才能保证安全呢？

1. 出门前要特别注意天气预报

如果有雪，应根据气象信息所说的降雪等级做好准备工作，暴雪天气尽量不要出门。

2. 活动前一定要做热身运动

冰雪天路面情况恶劣，容易摔跤，如果我们不让肌肉和关节活动开，摔倒后就可能造成比较严重的后果。

3. 要特别注意穿着

下雪后会有强降温天气，所以要戴帽子和手套，穿厚实保暖的衣服；如果是进行有一定挑战的户外活动，则应穿戴专业的保暖内衣、抓绒衣裤、冲锋衣裤、登山鞋，还有雪套、冰爪等。衣服的颜色要尽量鲜艳，以便于在雪中联络和搜救等。

4. 走路时步幅要小，最好带木棍或登山杖

雪天道路结冰湿滑，人穿着臃肿，行动不便，步幅小容易保持重心，掌握平衡。路面积雪后会掩盖实际情况，所以探路就尤为重要；另外，手杖还可以提高步行的稳定性，减轻徒步过程中腿部的负担。

5. 要喝热饮，吃高热量的食物

在寒冷的环境中活动，我们要多吃含钙和铁的食物，多吃蔬菜，多吃主食，特别注意选择一些产热高和温热性的食品。要携带保温水壶或炉具等，保证喝到温热的饮品。

6. 要戴墨镜防止强光刺眼和雪盲

雪后初晴，雪地反射太阳光，往往强光刺眼，影响行走；如果眼睛长时间受强光中的紫外线刺激，还可能造成雪盲。墨镜能截住紫外线，对眼睛起到一定的保护作用。

7. 要慎重选择活动路线

大雪会掩盖路面，很容易让人迷路，所以一定要选择难度比较小、起伏不是很大、相对比较熟悉的道路。团队活动时要选择户外经验丰富、责任心强的领队。

8. 要掌握好活动的时间

冬季黑夜长白天短，而且由于雪天外出时穿着和携带均较

多，体能消耗相对较大，还不能高速行进，所以掌握好时间很重要，尽量不走夜路，避免发生危险。

9. 户外扎营时不要穿着衣服睡觉

雪天户外扎营，一些新人会穿着冲锋衣进睡袋，以为这样更暖和，其实这是错误的；正确的做法是穿尽量少的衣服进睡袋，然后把冲锋衣等外衣盖在睡袋上。

10. 要给相机等器材保温以保证正常使用

电池产生电能的物理和化学方法在低温下都将失效，所以要注意给相机保温，并尽量多带备用电池。

三 警惕失温症

北方的冬季，虽然天气寒冷，但还是有很多热爱的户外活动的人坚持爬山、游泳、滑冰、滑雪等运动。这时，我们要特别提防一个非常可怕的杀手，它夺去了不少热爱自然、热爱运动的户外爱好者的生命，很多有经验的户外人士都对它特别警惕，这个家伙的名字就叫作“失温症”。

人的正常体温是37℃，如果体温低于这个数值，我们身体内部的化学反应会减慢，伴随产生不同的并发症，严重的会导致死亡。造成失温症的原因很多，如低温、潮湿、大风等，它们能使人体的热量减少。当热量流失比热量的补给大的时候，我们身体内部的温度就会降低，出现寒颤、迷茫、心肺功能衰竭等症状，不能得到及时救治就可能失去宝贵的生命。

失温和冻伤是冬季户外运动比较常见的危险，但它们是不同的：冻伤发生在人体表面，指的是因接触寒冷空气、液体、物体造成的肢体和表皮组织麻木，产生水疱和坏死的病症；失温是因人体内部温度降低而造成的一系列最终可能危及生命的病症。

所以，我们在低温的环境中，如遇大风、雨雪天气，在野外、雪山上、冰窖中、湖海里进行户外运动时，都应该警惕失温症，要采取各种措施保持自己的体温，保证自己的安全。下面介绍一些基本的方法和措施。

（1）要尽量穿排汗保暖性能较好的衣服，并注意保持其干燥。普通的棉服可能保暖，但是不容易排汗。大量运动之后汗液积累在身体周围，会降低我们的体温，所以应该尽可能穿速干衣、抓绒衣、羽绒服等具有良好的排汗保暖性能的衣服。出汗之后要及时把湿衣服换下来。请记住：湿衣服会让你多损失5倍的热量。

（2）要适量运动。运动能够产生热量，但过量就会损失能量并产生大量汗液，还会造成疲劳和虚脱，抵抗力也因此下降，所以一定要注意自己的运动量。

（3）要及时补充能量和水。食物中的碳水化合物、蛋白质、脂肪提供的能量和我们的体液水平都会影响到我们在低温环境下的适应性。及时补充能量和水分有利于保持失温症患者的体温，帮助他们恢复体温。

（4）要注意防风。风能带走我们的热量，所以户外运动时尽量穿着冲锋衣。它有比较好的防风保护作用。在野外环境中宿营时，找一块避风地也非常重要。

（5）要学会借助火等其他外部的热源。夜晚点燃一堆篝火，可以取暖御寒。另外，借助自热包、热水瓶、热石头、毛巾、手炉等工具，或者互相之间的拥抱，都会让我们更加温暖。

（6）可以喝热饮，但是不能喝酒。酒会短暂地带给我们热感，这是因为酒精里边有一种促进血管扩张的物质，但它会增加外围的热量散失，所以并不能使我们真正温暖。

除了做好自身的防范措施，我们也要学会观察。如果自己或者身边的人身体开始发抖，就得引起注意了，这说明我们的身体正在失温。如果颤抖想停都停不下来，那就开始进入中度或者重度失温状态了。其他的症状还有脚下不稳、嘴唇发紫、思维混乱、说话困难、情绪不稳等，严重的会出现瞳孔扩张、脉搏速度变慢、昏迷不醒等状况。一旦出现这些症状，我们一定要提高警惕，向专业人员求助，采取相关的急救措施。

失温症很可怕，所以我们一定要防患于未然，做好冬季户外活动的准备工作，安排好线路，掌握好运动量。最好能够学习和掌握一些急救的知识和技能，出现失温症状时做到及时、正确地处理。

第七节　野外露营时如何选择营地

天气适宜的季节，一群人带着帐篷等各种装备去野营，是一件非常美好的事情。当我们在选择营地的时候，要注意哪些方面呢？

（1）在河岸和山谷露营时，要选择地势相对较高的位置，防止暴涨的河水或下泄的山洪；要避开山崖和可能发生流失的坡地，防止落石或土崩等。在雪山上扎营应尽量避免背风坡，因为背风坡常常积累从迎风坡吹来的积雪，容易发生雪崩。

（2）要留心察看营地四周是否有野兽的脚印、粪便等，认真了解周围是否有毒蛇、马蜂或其他大型猛兽，避免人和野生动物之间发生冲突，造成互相之间的伤害。

（3）要选择阳光充足的地方（当然夏日炎炎的时候不能阳光直射暴晒），同时从地形、植物生长特点等多方面认真观察和分析，注意选择可以避开大风的地方。

（4）如果不得已要野外用火，一定要注意避开脚下和周围容易引起火灾的草木，防止森林大火，以免给自己和环境造成极其严重的伤害。

（5）要注意多了解营地周围的情况，尽量避开游手好闲者和不友善的人群，不要选择经常出事的地点，避免人身伤害和财物损失。

（6）碰到雷雨等恶劣天气，不要在高大的树木旁或岩石突出的地方扎营，还要避开山顶或空阔地，避免遭到雷击。

（7）要选择排水良好的地方扎营，不要选择有水流痕迹或者有积水等情况的地方，这会使我们的装备、健康、休息、心情等受到影响。

（8）只在现存土壤坚硬、寸草不生的营地上扎营，将营地活动集中在已经受冲击的区域；在很少人类活动的地区，应将营地扎在一个从未使用的地点，而不要扎在受轻微冲击的地方。

（9）选择有干净水源的地方，但是从环境保护的角度考虑，营地和野炊应与水源至少保持60米左右的距离，以避免我们的行为破坏生态。

（10）不要选择重要历史文化遗产，如长城等古迹作为营地，否则我们的活动将给人类的共同财富造成巨大的破坏。

第八节　如何预防和应对高原反应

▲ 高原活动

地球上的有些地方，即使在炎炎夏日，或是处在赤道附近，仍然可能白雪皑皑或冰川闪闪。比如珠穆朗玛峰和乞力马扎罗山都是这样，因为它们处于高原地区。当生活在平原地区的人进入高原地区时往往会产生高原反应，我们应该如何预防和应对高原反应呢?

我们把海拔高度在1000米（亦有说法500米）以上，面积广大，地形开阔，周边以明显的陡坡为界，比较完整的大面积隆起地区称为高原。高原最明显的特征是：地势相对高差低，海拔却很高。中国有青藏、内蒙古、黄土、云贵四大高原，青藏高原平均海拔4000米以上，是我国，也是全世界上最高的高原。

高原的特点是海拔高，气压低，氧气含量少，空气干燥，还有恶劣天气如风、雨、雪、寒冷和强烈的紫外线照射等，这些因素都会引起高原反应。到青藏高原地区登山、探险或是旅行，是当今户外领域的热点。但是在出发前，我们一定要了解一些关于高原反应的基本常识。

高原反应也叫急性高原病，是指人到达一定海拔高度后，身体为适应而产生的自然生理反应。一般来说，海拔高度达到2700米左右时，就会有高原反应。国外把它分成急性高原反应、高原肺水肿、高原脑水肿、高原视网膜出血和慢性高山病几种，中国分成急、慢性高原病。实际上，发病常常是混合性的，但是在某个阶段中以一种表现比较突出。一般来说，初次进入高原的人，24小时内可能出现头疼、头晕、眼花、耳鸣、全身乏力、行走困难、难以入睡等症状，严重者出现腹胀、食欲不振、恶心、呕吐、心慌、气短、胸闷、面色及口唇发紫或面部水肿等症状，有一部分人甚至会出现意识恍惚和幻觉等。我们对高原反应千万不可等闲视之，很多人的生命就是因为它失去的。

由于每个人的身体状况不同，大家进入高原后的情况是不一样的。很多人的高原反应并不明显，但是有心、肺、脑、肝、肾病变，严重贫血或高血压病人，应该不要或者非常慎重地进入高原；一般人得感冒以后也尽量不要进入海拔特别高的地区。

当我们刚到高原的时候，千万不要剧烈运动，要休息好，逐步适应；要注意保暖，不要着凉感冒；要多喝水，多吃蔬菜水果，不能暴饮暴食。如果发生高原反应也不要慌张，可以用吸氧等很多办法解决，情况比较严重的，转移到低海拔地区也往往可以缓解。另外，我们可以准备和服用预防高原反应的药物，如红景天、肌肝片、葡萄糖等。

青藏高原上空气稀薄，云量少，大气透明度好，使得太阳辐射的折射、散射和吸收作用大大减弱，从而使太阳辐射增强，紫外线会特别强。我们必须要有防紫外线的措施，下面两个方面要特别注意：

一是及时涂抹防晒霜。每个人都应该加强防护，尤其是儿童防晒非常重要的，他们的皮肤没有发育成熟，抵抗紫外线的能力很弱。

二是雪地活动时要戴防护眼镜。阳光中强烈的紫外线经雪地表面的反射后，会对眼部所造成损伤，引起肿胀、疼痛、怕光、流泪、视物不清，甚至暂时失明，这就是雪盲症。我们要戴上黑色的太阳镜或防护眼镜，或者在登山时用蛙镜式的全罩式灰色眼镜，可以避免紫外线对眼睛的伤害。

回到低海拔地区，高原反应会消除，但是一部分人会出现一种奇怪的醉氧反应。它是一种从高海拔地区下到低海拔地区、从缺氧状态进入氧饱和状态所产生的眩晕或迷吨感觉。因为生活在高原的人都有一种代偿反应，即血红蛋白增高、呼吸急促、心率加快。久而久之，人体对高原缺氧环境产生了一定的适应性。从高原来到平原地带，又产生了一个从低氧环境到常氧环境的变化，因此需要一段时间的适应过程。

我们要避免剧烈的高原和平原反应，就应该注意从低海拔到高海拔，或者从高海拔到低海拔时，都要逐步进行，慢慢适应。

第九节 沙漠户外活动注意事项

▲ 沙漠活动

沙漠是指地面被沙覆盖、干旱缺水、植被稀少、空气干燥的荒芜地区。地球上陆地的三分之一都是沙漠，所以在户外活动中，沙漠体验是一项重要内容。但是因为环境恶劣，沙漠户外活动充满了挑战，需要在很多方面做好应对工作。

1. 认真做好准备工作

要充分了解活动的线路情况和沿途的天气状况，事先做好各种预案，学会发求救信号的各种方法，并保证活动期间有较好的身体状态。各种必要的装备一定要带齐全。应该在动身前告知相关人员自己的前进路线和计划抵达的日期等信息，以便在出现意外时能够及时获得营救。

2. 要解决好饮用水问题

在沙漠中活动，对水的消耗很大，而沙漠中找水较为困难，所以要尽量多带饮用水。如果是长期在沙漠中活动，应该有熟悉线路基本情况的人员做引导；同时，自身也要多掌握一些在沙漠中寻找水源的方法，以应对可能发生的不利状况。

3. 一定要正确辨清方向

因为沙漠地形和气候的特殊性，在沙海茫茫、寸步难行的情况下，我们特别容易迷失方向，所以要带好指南针、GPS等基本工具，还必须学会利用太阳、北极星、植物等辨明方向的基本方法。更重要的是，在前进的路途中应留下记号，以便找到回头路或者方便救援人员寻找。

4. 要尽量避免在烈日下活动

沙漠中昼夜温差变化很大，夏秋午间近地表温度可能达到60～80℃，夜间却可降至10℃以下。活动时一定要避开正午的炎炎烈日，尽量在早晚比较凉快的时候抓紧时间行走。在路途艰险的时候，就要坚持“夜行晓宿”——夜间低温时候行走，白天高温时候找阴凉处休息，以保证身体相对好的状态。

▲ 避免在烈日下活动

5. 要特别防备蛇虫的叮咬

沙漠里看似动植物稀少，其实出没的蛇虫很多，其中有一些是可能会对人体造成很大伤害的毒蛇、毒蝎子等，有水的地方也会聚集蚊子等昆虫。所以我们在行进中要注意观察，选择营地时一定要注意位置；另外，要配备好防治蛇虫叮咬的药品。

6. 要正确分辨植物，避免食物中毒

沙漠中的植物品种虽然不多，不过有些是有毒的，一个错误的判断可能造成无法挽回的后果。有些仙人掌科植物含水量极其丰富，但是许多外貌与其相似的大戟科旱生植物（如光棍树、霸王鞭、虎刺梅、地锦等）的白色乳汁都有毒。所以一定

不要随便食用植物。

7. 要注意保护好摄影器材等

在沙漠户外活动中，要特别注意保护好自己的摄影器材。第一要防高温，不要在阳光直射下长久使用相机，应该用一些能反光的物品（如太阳伞等）随时遮盖；第二要防干燥，不用时最好把相机密封放在包里；第三要防风沙和昆虫，在风沙大、昆虫多的地方要少用相机。

8. 要注意保管好随身携带的物品

沙漠中的沙土松软，随身携带的小物件，如小刀、火机、口哨等（项链、戒指、耳环什么的更要留心）一定要保管好，否则完全有可能掉到沙里就再也找不到了。沙漠中风力可能很大，衣服、围巾、袜子等千万不要随便摆放，尤其是晚间一定要收回帐篷，否则一阵大风过后就会踪迹全无。

9. 要了解沙漠中一些特殊自然现象

沙漠中有不少特殊的自然现象，如沙尘暴、海市蜃楼、鸣沙等。要了解这些自然现象的原理、特点以及应对方法，这样才能更好地观察和欣赏大自然的奇特现象，破除神秘色彩，消除恐惧心理，让我们的活动变得更加安全，更有意义。

10. 要做好环保措施，保护野生动物

在沙漠的户外活动中，环保理念也是非常重要的，要特别注意保护当地极其脆弱的生态平衡。要注意保护草原上星星点点的绿色和周围一些人工护林带，不要随意去践踏、砍伐那些

植物，还要注意用火安全。同时，千万不要去捕捉，甚至杀害生活在沙漠地区的弱小动物。

第十节　户外迷路后的自救

一 如何避免户外迷路

▲ 户外迷路后的自救

如果我们在户外活动中突然发现前面无路可走，或者不能辨别该选择前面哪条道路的时候，那很可能就是迷路了。每年都会有很多人在户外活动时迷路，其中大部分人都会自己或在他人的帮助下找到正确的道路，但是也有一小部分人会因此失去自己的生命。我们该如何避免这种情况的发生呢？

（1）出发前要根据季节、天气以及参加本次活动的人员情况选择合适的线路，做好预案。

（2）要学会看地图和使用指北针等工具的正确方法，并避免丢失或损坏这些宝贵的工具。

（3）户外运动新人参加活动，一定要选择熟悉线路并且由责任心强的向导或领队带领，或者跟随可靠的团队。

（4）要避免在暴雨、浓雾、下雪等恶劣天气情况下赶路，如果途中遇到这几种天气，千万不能惊慌，一定要辨明正确方向后再行进。

（5）行走不熟悉的线路时应认真观察地形、建筑物、标记和脚印等，要注意辨别山路是人还是动物留下来的，避免走入歧途。

（6）在路径不明、队伍容易分离的密林或草地等环境中行动时，沿途要留下明显的标记，以便寻找正确路线或指引后边的队友不要走错方向。

（7）向他人询问道路时一定要仔细，并进行正确分析，以免犯下无可挽回的错误。

（8）团队行进时一定要照顾好体力较差、受伤或生病的队友，避免其因掉队而陷入绝境。

（9）应该不断提高自己体能，避免自己因为不能按时到达目的地或者掉队而迷路。

（10）应该学会如何在户外活动的不同情况下正确辨别

方向。

二 户外迷路后如何应对

每次出行，我们应该随身携带头灯或者手电筒以备在走夜路时使用；带备用的水和食物，以备不得已在野外过夜时使用；还要带哨子和做标记用的布条等物品，以备在呼救或探路时使用。这样，我们就可以在迷路时保证相对安全并稳定情绪和心态，帮助自己度过危险时刻。

如果迷路了，我们千万不要惊慌失措，不要逞强到处乱闯，这时候保证生命安全是第一位的。按照以下方式去做，可能是最正确的。

（1）如果找不到前行的道路，那么沿原路返回是最安全的做法。这时候哪怕你可能已经离目的地不是很远，或者已经下到谷底，但也不要犹豫，原路返回是明智的选择，因为我们的生命安全是户外活动中第一重要的。

（2）如果碰到大雨、暴雪等极端天气，或者是天色已暗等情况，前面路线不能辨别，就应该找到避风、安全的地点躲避；或者挖树洞、打雪洞，以躲避在里面，等待恶劣天气情况过去。要照顾好体质较差的队友，互相鼓励和安慰，躲避期间可以几个人挤在一起保持温暖。等黎明来临或雨过天晴、风平雪止后再行动，这样的话，大家的安全系数会高很多。

（3）如果感觉大家处于危险境地，则应该选择安全和有明显标志的地方，用电话等方式向外界求救，耐心等待救援人员的到来。在求救过程中，口哨等能够发声的工具，或者头灯、手电、照相机闪光灯等能够发光的工具都可以帮助他人找到我们。特殊情况下，可以在所在地周围生火求救，但是千万注意不要引起火灾。

（4）如果不得已前去探路，则一定要在沿途做好明显标记，使自己能够回到来时的路上或者让搜救者找到自己。

（5）如果视线中不远的地方有房屋建筑或者公路，在保证自身安全的情况下，可以逐步靠近，找到人或车辆寻求帮助，大多数情况下可以脱离险境。

（6）除非是探险的时候逼不得已，否则不要在不知道前方具体情形的条件下，沿溪流下山。流水侵蚀的力量很强，会造就很多陡峭的崖壁，不少人都因此摔伤，甚至失去生命。有经验的户外专家可以根据山势和水声等前行，但是这种依靠经验的方式不应该向户外运动新人推广。

三 迷路时如何辨别方向

（一）借助工具

1. 借助指南针或指北针

当指南针或指北针的磁针静止后，其S端所指的方向即为南方，N端所指的方向即为北方。使用时需要注意的是：尽量保持水平；不要距离铁、磁性物质太近；要辨别清楚南北极，不要造成180° 的南北方向误判。

▲ 辨别方向

2. 借助GPS

随着导航技术的普及，便携的、可充电的GPS 不但可以轻松地辨识方向，还可以为识别地点与路线提供更精确的帮助。

3. 借助手表

（1）在有太阳的时候，可以借助手表来确定方向。此时可利用一个口诀："时数折半对太阳，12指的是北方。"（适用于北半球）首先确定当时的时间，然后找到时间的一半的分针位置，将分针所指的方向对向太阳，12时刻度所指的方向就是北方。一般在上午9时至下午4时采用这个方法比较适合。

（2）将手表平放，将时针指向太阳的方向，想象有一条线把时针与12点的夹角平分。如果在南半球，这条线所指的方向即正北方；如果在北半球，这条线所指的方向即正南方。

（二）借助太阳

太阳东升西落是最普通的辨别方向的方法。另外，在太阳光比较强烈可以形成影子的时候，可以利用标杆来确定方向。将标杆垂直立于地面，把一块石子放在标杆影子的顶点A处；过10～30分钟之后，将移动后的标杆影子的顶点B处再放一块石子。将A、B两点连成一条直线，这条直线所指示的就是东西方向；再画一条与AB连线垂直的竖线，它所指示的则是南北方向，向太阳的一端是南方，相反方向是北方。使用此方法时，标杆的长度最好超过1米，影子位移的时间最好超过30分钟，测量的时段最好接近中午，这样的准确度比较高。

（三）借助星辰

1. 借助北斗七星

在北半球，北方的夜空中很容易找到人们所熟悉的、勺子形状的北斗七星（大熊星座），将“勺头”两颗星之间的距离延长约5倍，就可以找到北极星的位置，这个方向就是正北方。

2. 借助仙后星座

仙后星座是由5颗与北斗七星亮度差不多的星组成的“W”形，在“W”字缺口中间的前方向前延伸，在距离约为整个缺口宽度的两倍处，就可找到北极星。

3. 借助南十字星座

在北纬23度以南的地区，很难看到北斗七星，这时可以利用南十字星座来确定方位。南十字星座由4颗亮星组成，如果将对角的两颗星相连就像“十”字形。将其中最亮的两颗星的连线向右下方延伸，约在两颗星之间距离的4.5倍的地方（此处无明显的星），就是正南方。

4. 借助猎户星座

猎户星座在南北半球都可以看见，主要由4颗明亮的星组成四边形，在四边形中间的位置斜排着3颗小星。先通过小星画出一条假想的横线，再经过小星画一条垂直于横线的竖线，这就是南北方向线。猎户座头部那端指向正北，脚部那端则指向正南。

（四）借助自然环境和自然物

（1）北方的山岳、丘陵地带，茂密的乔木林多生长在北坡，而灌木林多生长在南坡。

（2）建筑物和土堆等凸出的地方，积雪多的一面是北方，积雪少的一面是南方；而土坑等凹陷的地方则相反。

（3）在中国北方的草原和沙漠地区，由于西北风较多，在草丛附近形成雪龙和沙龙，其较粗的头部所指的方向是西北方。

（4）独立的大树通常南面枝叶茂盛，北面树枝稀疏，但这也与风向有关，不可一概而论。

（5）树皮一般南面的较光滑，北面的较粗糙。比如白桦树北面的树皮上有许多明显的裂纹及疙瘩，南面的树皮则较为光滑。

▲ 借助自然物辨别方向

（6）松柏类及杉树、桃树等树木，树干上流出的胶脂在南面的较多且更易结成较大的块。

（7）许多果树如苹果、红枣、柿子、柑橘等，朝南的果实结得较多，而且朝南的部分成熟时颜色较深。

（8）密林中的岩石或者树干的南面较干燥，而北面较湿润且多有青苔。

（9）森林中空地的北部边缘一般青草较茂密。

（10）树桩断面的年轮，一般南面的间隔较大，北面的间隔较小。

（11）蚂蚁的洞穴多在大树的南面，而且洞口朝南。

（12）在单风向的沙漠地区，沙丘的迎风面坡度小，沙质较硬，背风面坡度大，沙质松软。根据当地盛行的风向也可判别方向。

（五）借助建筑物

▲ 辨别方向

（1）村落一般都集中在山的南侧，而且独立的房屋的门窗多数是朝南开的。

（2）一般庙宇、宝塔、祠堂等建筑物都是坐北朝南，正门朝南。伊斯兰教的清真寺的门则朝向东方。

（3）蒙古包的门多朝向南方或者东南方向。

第十一节　进行古道研学亲子活动时如何保障安全

古道研学活动是孩子亲近和煦阳光和清洁空气、走近美丽大自然、学习自然知识的最佳途径。带着孩子一起参加古道研学活动，既是增进家庭成员之间的感情的催化剂，也是使他们锻炼健康体魄、培养乐观面对人生态度、提高动手能力和创造力、全方位增加知识的有效手段。如果是家长自己策划的亲子活动，需要提前考虑到户外安全和保障的各个方面，使整个古道研学过程更加顺利和快乐。

1. 要选择合适的目的地

我们选择活动目的地，既要考虑季节特点、时间要求、孩子的兴趣爱好等，还一定要根据孩子的年龄选择合适地点。低龄的孩子应该带去交通便利、离家近、方便和轻松的地方；大点的孩子可以带去一些路程较长和复杂的线路，但是一定要避免有险滩或崖壁等的危险地段。

2. 要做好各项准备工作

出发前，要充分了解天气和活动要求，准备孩子保暖、防寒、防雨的衣物；要带上遮阳伞、太阳镜、防晒霜、风油精或其他驱蚊药品（尚在哺乳期的宝宝，围兜、手帕、湿纸巾、纸尿裤等做母亲的应该很熟悉了，这里不再赘述）。另外，户外活动应带的治疗伤痛的医药用等更要一应俱全。水一定要带够。

3. 要用适当的活动方式

各个年龄段的孩子兴趣点不同，体能状况差别很大，所以一定要选择合适的活动方式。低龄的孩子可以在公园、动物园等非常安全的地方适量走动，大点的孩子可以选择游泳、徒步、登山的方式。

4. 要注意旅途中的安全

旅途中如果是公共交通的方式，要注意让孩子坐稳，抓好扶手，避免紧急制动时跌落；自驾的孩子要给孩子系好安全带，嘱咐孩子不要将头和手伸出车窗及天窗等；孩子们在公路上要注意来往车辆；拍照时要注意脚下安全；这方面有很多惨痛案例，作家长的一定要用心，并让孩子从小就养成良好的习惯。

5. 要防止用品等的丢失

在活动过程中，孩子喜欢动手拿各种东西，并有随手乱丢的可能，家长如果不注意这点，可能会丢失一些重要的物品，所以不但要时时关注，还应该在换地方或离开前仔细检查原先活动地点，避免无谓的损失。

6. 要注意饮食安全问题

在户外活动时，孩子们手和饮食品随时可能沾染污物，他们身体的抵抗力差，有些采摘来的水果和烧烤食品又有安全隐患，所以家长有义务提醒他们注意卫生，并检查他们所有入口物是否清洁及安全。

7. 要安排好孩子运动量

由于小孩的身体不像成年人那样耐疲劳，所以一定要注意他们运动量的控制，并随时根据孩子的情况自由调整行程。如果在一些特殊天气状况，如大风、雨、雪等情况下更要注意，否则在劳累情况下容易出现摔伤或是其他不良身体状况。

8. 要防备动物的侵害等

孩子们在野外活动时，要注意孩子们在与宠物和自然界的各种动植物的接触过程中出现意外，如被咬伤、刮伤、刺伤，甚至食物中毒等，最好是教会孩子们多观察和学习，但是一定要与外界保持一定距离。

9. 要时时刻刻有人关照

孩子们自由活动时，可能出现各种意外。在活动中，家长、领队等应该互相提醒，轮流照顾，避免孩子们在无人照看的时候发生各种意外。

10. 要注意安排好休息等

孩子们的体力和对自己的控制力是非常有限的，他们有时候会特别活跃，但是困了累了又说睡就睡，家长抱着或背扛孩子的时候劳累而不安全，所以应该适当控制他们的节奏，让整个活动顺利进行。

第十二节　古道研学活动中的环境保护准则

在我国，户外运动自20世纪90年代兴起并迅速发展，参与户外运动，以及行走世界和中国古道的人群日益广泛。但是，由于部分人群缺乏必要的环保意识和环保理念的指导，致使自然环境、人文景观和部分古道遭到破坏的情况越来越严重。针对这种情况，国际古道联合会呼吁：为了更好地保护我国自然

▲ 保护野生动植物

遗产和文化遗产，以及户外运动资源，使户外运动和践行古道活动得以健康发展，倡导有识之士和户外运动爱好者立即行动起来，为普及户外环保理念和相关知识作出自己的贡献。

参考国内外有关登山的一些准则，结合户外运动、古道践行活动的实际情况，以及野生动物保护常识，在征求部分专业人士和相关机构的意见后，现提出《国际古道环保公约（草案）》，作为古道研学活动中必须遵守的环境保护准则。

一 户外活动的准备工作，要周全、细致，符合安全、环保要求

进行户外活动前，应详细了解前往地点的有关情况，尤其是有关环保方面的相关规定；要学会使用并携带必要的户外装备，尤其是救生装备；应按照户外运动行程，携带适量的食物、药品和水，并将它们放置在可重复使用的容器内，以减少垃圾的生成。

二 爱护古道和步道，尽量减少对古道、步道及周边环境的损害

▲ 减少对环境的损坏

为了缓和及减少踩踏对古道及周边环境的损害，应尽量只在现存的步道、古道的中间行走；当没有明显的古道、步道路径的时候，应行走在最耐踩踏的地方，如岩石、干草上等；在热门路线地区宿营时，应选择土壤坚硬寸草不生的地方，将活动集中在过去受过冲击的区域；在人迹罕至的线路或地区，应将营区设在土壤坚硬、寸草不生的地方，或一个从未使用的地点，而不要设置在受过轻微冲击的地方。

三 物品不要留在原地，垃圾处理要符合环保要求

户外运动结束后，不要将任何食物或物品留在营地，以免干扰野生动物的自然行为；为了不使装备或相关物品遗留在营地，务请将你的装备按一定的次序摆放，以便收拾、整理装备

和相关物品时能够一一查验；掩埋垃圾不符合环保要求，因为野生动物对掩埋的垃圾十分敏感，有可能将其挖出，从而造成环境污染；焚烧垃圾会污染大气和周围环境，应绝对禁止。

四 所有不能带走的东西，都要妥善处理

▲ 妥善处理垃圾

如果你愿意，可以把排遗带走；但在大多数的地方，填埋排遗也是可行的。填埋排遗时，填埋深度应达10～20厘米；填埋地点离水源、营地或步道至少60米，且排遗所用的卫生纸，不得遗留在营地。生活用水的使用，距离湖泊、溪谷或其他水源，至少60米，以免污染水源。要尽量少用洗涤用品，必须使用时，应使用可降解的用品。刷锅水要用筛网过滤，过滤后再将其分散洒在地面上。

五 扎营要环保，撤营要干净

古道和其他历史遗址是全社会的资源，任何人不得破坏；

▲ 保护野生动物

扎营时，要远离这些地点。应爱护沿途的野生动物，不要随意干扰，也不要喂食它们；观察野生动物时，距离要远，且须小心谨慎，而且不要试着喂食这些动物。扎营时须有环保意识，对周围树木的爱护尤其重要，在树干上钉钉子或用树干作椅子的行为都必须绝对禁止，以免对大自然造不可逆性的破坏；撤营时，应遵循“没有带来的不应带走”的原则，仔细检查自己携带的物品，以避免将营区和古道沿途的任何物品带走。

六 火的使用要慎之又慎，将对环境的冲击降到最低

▲ 注意用火安全

火的使用要慎之又慎，在林区使用时必须遵守国家的法律法规和相关规定，以免发生火灾；为了避免生火在土地上留下永久

的痕迹，生火时须使用炉具；捡拾柴火时，不应折损树枝或枯枝，只能捡拾地上的细小树枝；撤离或短暂离开营区时，一定要将火完全熄灭，把没有烧完的东西全部带走，并将灰烬分散洒在远离营地的地方；尽量保持大自然和营区的宁静，将声音以及视觉上对营区及周边地区的干扰降到最低，为所有的户外参与者和古道践行者营造优良的自然环境。

七 爱护户外环境和古道，不要留下任何损毁痕迹

不要在经过的古道或古道周围（尤其是古迹上）刻画文字或图案，这不但是一种破坏环境和影响观感的行为，从而留下耻辱的印记，还将对大自然和古迹造成永久性损害；如果需要做路标指示方向，或留下某种非常有意义的纪念，可以用系挂布条或悬挂旗帜以及其他类似的方式。

八 爱护动物和植物，尊重大自然和所有生命

除非生命出现巨大危机（我们应该尽可能地避免这种情况的发生），否则不采摘、挖掘野生植物，不惊扰和伤害野生动物；任何时候不购买、不食用国家禁捕的野生动物和植物；这是对自然的爱护与尊重，也是对自身的深层保护。

▲ 保护古道上的野生动物

九 注意自身安全，避免受到伤害

在野外发现野生动物猎套时，如果熟悉其结构特点可以拆除，如果不了解应当避免接触，小心拍摄做好标记，反映给有关部门敦促其拆除；发现受伤野生动物不能贸然施救，同样应该反映给有关部门，由专业人员安全救护。行走古道前，要了解当地野生动物的分布情况，尽量避免具有危险性的遭遇；了解各种野生动物生活习性，以便在与它们遭遇时能冷静正确处理，避免互相伤害。

十 宣传户外环保理念，制止和补救不当行为

发现他人有不符合环保的行为时，要勇于制止，向其宣传

有关户外环保知识和保护古道的重要性，纠正其错误行为；对他人故意 破坏环境、伤害或买卖野生动物的行为，应当有效制止，并向有关部门反映；发现他人已对环境造成破坏时，应当在条件允许的情况下尽量补救，不能及时处理的问题应当拍摄记录，以待后续解决。

▲ 古道研学照

第五章

古道研学指导

“中华优秀传统文化是中华民族的精神命脉，是涵养社会主义核心价值观的重要源泉，也是我们在世界文化激荡中站稳脚跟的坚实根基。增强文化自觉和文化自信，是坚定道路自信、理论自信、制度自信的题中应有之义。”

——**习近平**

2014年10月15日《习近平在文艺工作座谈会上的讲话》，见《人民日报》2015年10月15日02版当今在世界各地，在古道上进行的研学活动比比皆是。作为提出古道研学概念，并专业开展此方面工作的专业机构，我们将联合各地相关单位，根据时节等精心选择其中最优秀的执行单位、最优质的古道线路，以及最合理的研学项目推荐给大家。同时要向大家建议的是：古道研学并不仅仅是老师、学生、学校间的事情，我国有“活到老，学到老”的优良传统；踏上古道，在轻松愉快深度旅行的同时学习各种新的知识，可以是我们这个古老民族每个人的事情；全民参与古道研学，这是我们努力、也是时代的发展方向。

另外，我们建议在大家在定期于暑假、课间组织古道研学活动的同时，将研学的理念以及活动常态化，即在日常的徒步锻炼、休闲旅行的过程中，都可以进行古道研学活动。而我们亦将整合相关资源，为大家提供系统化、规范化，以及国际化的专业服务。具体于现实生活中，以首都北京为例，大家可以安排专门的节假日，组织参加西山地区的京西古道，以及其他省、区、市甚至境外的古道研学项目。在平时，我们还可以不用非要去深山密林，就近即可以进行或是参与古道研学的活动。

第一节　城市古道徒步

来自英国伦敦的City Walk概念，提倡大家在一些充满历史文化遗迹的大城市里，用行走的概念体味自己的城市。其实不但首都北京这样的历史文化名城拥有京西古道那样极佳的文化线路资源，仔细探究各地的中小城市，都有自己的文化脉络。

而生活在北京古都的居民，甚至不用专门到山间去找寻香山古道、林迈可小道、包必达小道那样的古道，就在公园或者城市漫步，就可以亲近曹雪芹小道、北京中轴线、大运河这样拥有丰富历史文化资源的线性文化遗产。以前二者为例，我们一起去看看。

一　藏身西郊的曹雪芹小道

曹雪芹是我国清代著名小说家。鲁迅曾总结他的一生：生于荣华，终于苓落，半生经历，绝似“石头”，著书西郊，未就而没。其中提到“著书西郊”，指的是晚年的曹雪芹曾于北京西郊香山一带著书。当时，贫困潦倒的文学巨匠居于寿安山前的正白旗村，通往山间小路往来于山后的白家疃，访友、行医或赏景。清以来，这些由当地百姓踩踏成径的小路一直保留下来，如今成为一条名为“曹雪芹小道”的文化旅游线路。

▲ 曹雪芹小道

曹雪芹出身于清代内务府正白旗包衣世家，其家族曾经历过辽阳—盛京—京城—山西—江南的迁徙过程。曹雪芹成年后定居北京西郊，据考证，其故居正是今天的海淀区香山卧佛寺路正白旗村39号院。他隐居此间，写出了流传后世的《红楼梦》一书。他晚年的这段经历，经过多位红学家的考证已趋彰明，各项遗迹、文化形成一条完整的文化脉络。

因为曹雪芹仅有的一个儿子年幼时即已去世，所以江湖上留给现代人的，只有一些关于“石头哥”的传说，比如“门前古槐歪脖树，小桥流水野芹麻”之类。

1963年，红学家吴恩裕、周汝昌、吴世昌等人到香山考察，系统梳理曹雪芹在香山的有关传说。

1971年，刚从北京二十七中退休的舒成勋老先生在正白旗39号院自家老屋的墙壁上，赫然发现乾隆年间的“题壁诗”。

1977年，北京发现一堆乾隆年制黄松木书箱，据信是曹雪芹遗物书箱上题字与“题壁诗”上字迹完全一致。

1983年，以正白旗39号老屋为中心建立起来的北京曹雪芹纪念馆正式开馆。

2013年，“曹雪芹小道”旅游标识系统发布，南段的20块导览标识牌亮相。当年8月15日这一天，上百名公众化装成红楼人物，热热闹闹走过大师之路，拉开了纪念曹雪芹逝世250周年系列活动的帷幕，一条文化内涵丰富的徒步线路正式面世。

▲ 曹雪芹小道

“曹雪芹小道”的整体线路从黄叶村的曹雪芹纪念馆开始，途径东沟村、十方普觉寺（卧佛寺）等，翻山一直到白家疃村口新修牌楼结束，长度超过10千米。线路分为北京植物园内、跨山道和白家疃内三部分。一些驴友习惯把出植物园后到白家疃村庄前的山间小路这一段称作“曹雪芹小道”，这样的测算方法让千米数少很多。并且根据走法不同，数据会有不小差距，所以也有“小道长6.6千米的说法”在网络上流传。

北京植物园内的曹雪芹小道，亦即前述的南段部分，环境优美，路况极好。由于人们对景区标牌指示系统的理解不同，有了五花八门的走法。沿途相关景点主要有：

【曹雪芹纪念馆】

1971年在香山地区正白旗地界上，专家认定一座带有几组题壁诗的老式民居是曹雪芹著书之所，将其命名为“黄叶村”。12年后，以此为基础建成曹雪芹纪念馆。目前的纪念馆是一组长方形院落，前后两排共有18间仿清代建筑房舍，前排展室陈列有200年来有关曹雪芹身世的重大发现及有关文章、书籍，其中包括发现题壁诗的的残墙等，后排展室有曹雪芹的生平家世、《红楼梦》的影响两组专题展品。

【碉楼】

北京植物园内有多座碉楼。相关资料显示，这是乾隆十二年为平叛，在香山设健锐营，为了训练士兵阵法，仿照敌军在金川地区的建筑而建造。香山地区曾建有68座，如今遗存仅有6座半，其中2座完整地存于北京植物园内。

【古井】

曹雪芹纪念馆北边的古井，是清代供正白旗村人马饮用的水井，有300多年的历史，曹雪芹居住期间的饮用水便取自此井。

▲ 古井

【龙王庙】

因当地夏季多雨，易形成洪水，所以建有龙王庙。这座建于清初的古庙，东、西两侧墙上绘有乡间风景；北墙绘有“墨龙图”，据说此图为曹雪芹的朋友鄂比绘制。

【十方普觉寺（卧佛寺）】

此寺庙始建于唐代，清雍正皇帝胤禛赐予“十三阿哥”怡亲王允祥作为家庙。扩建时修建了琉璃牌楼，规格甚高，楼正面匾额镌“同参密藏”四字，背面镌“具足精严”四字，皆为乾隆皇帝御书。

【石上松】

植物园白鹿岩南山坡上，有一株侧柏生长于巨石顶端的石缝中，其根部将下面的巨石劈开一道裂纹，人们称其为“石上松”。民间传说曹雪芹见此奇景，心生灵感，所以在《红楼梦》

一书中，写出了贾宝玉、林黛玉“木石前盟”的著名故事。

【元宝石】

植物园水源处，石上松附近，有一体量巨大的石块，外形酷似元宝，底部悬空，形成一个石室，内有一石榻，历史上曾有喇嘛僧修行于此。此石传说就是《红楼梦》中大荒山无稽崖青埂峰下那块顽石之原型。

【白家疃】

顺樱桃沟上行出植物园后，会走上崎岖山路，到山顶时可以看见三座并列的山峰，形似三炷燃烧升腾的佛香，户外人称其为“三炷香”。之后经过较长时间的下行，会到达白家疃[tu ǎ n]村。村名的来历说法不一：一说是此地原是宋代杨六郎部队摆放盔甲之地，由原名“摆甲滩”演变而来；另有说法是这里的先民曾经以制作盔甲为生，买卖时将盔甲摆出来供人挑选，所以曾名“摆甲疃”，现名由此而来；还有说法是过去这里有滩，也有河水，所以叫白家滩，而一些由山东逃荒过来的村民，沿袭家乡的叫法，将“滩”字改称成为“疃”，才有此名。

至于曹雪芹为什么经常从黄叶村的家中费力翻山前往白家疃，后人的意见更是难以统一。有人认为曹雪芹来此是看望朋友的，也有人认为他是为贴补家用在此行医。当然，我们不妨认为，文学家正是在山前山后的漫步中找到了可贵的创作灵感。

如今的白家疃比较重视曹雪芹文化建设，所以村里立起了曹雪芹石像，原有的小石桥、贤王祠遗迹等文物也得到了保护。另外，有几处建筑亦与文学巨子相关。

【废艺斋】

据传曹雪芹为救助残疾人和穷苦人，辛劳写就论述包括印刻、编织、园林、风筝、烹调、脱胎手艺、印染等问题的《废艺斋集稿》，乡民传颂他的功绩："教民养生之道，无论大术小术，均传圣德，扶伤救死之情，无论有心无心，悉具阴功。"后来，白家疃的人们建设了废艺斋，以示纪念。

【贤王祠】

怡亲王允祥曾在香山地区治水，并建有别墅。白家疃百姓感激其功德，请求统治者将他身后留下来的别墅改建为贤王祠。今日的白家疃小学内存有贤王祠的遗迹。

【城市里的植物王国】

曹雪芹小道南端的一大部分段落在北京植物园内。这是一座占地900亩左右，集科普、科研、游览等功能于一体的综合性公园，园内引种栽培植物10000余种近150万株，收集栽种植物3000余种，为中国北方最大的植物园，是北京城市中的植物王国。行走曹雪芹小道过程中，大家可以呼吸到非常新鲜的空气，看到递次盛开的鲜花，并学习了解丰富的植物学知识。

【一二·九运动纪念地】

1935年12月9日北平爆发的一二·九学生抗日救亡运动，具有重大的历史意义。北京植物园樱桃沟里的一二·九运动纪念地，有一二·九运动纪念亭、青年服务国家纪念墙和一系列雕塑、“保卫华北”石刻三部分，也是北京重要的红色教育基地。

【梁启超墓】

梁启超是中国近代史上著名的政治活动家、思想家、学者和文学家。梁启超墓实为梁启超家族墓园，位于北京植物园东环路东北的银杏松柏区内，总面积1.8公顷，由梁启超之子、中国著名建筑学家梁思成设计。

【北纬40度地理标志】

北纬40度线穿过当今世界最为重要的一些区域，在我们的首都北京，大约在卧佛寺、植物园、圆明园、奥林匹克公园一线穿过。植物园内的曹雪芹小道旁有着世界上为数极其有限的北纬40度地理标志。此标志表明曹雪芹小道也是N3040环球文化旅游带上重要的线性文化遗产之一。

二 北京中轴线趣闻录

中国，顾名思义就是“中央之国”，古时中国又被称为九州，那时候北京所在的冀州就处于居中位置。如今，北京作为中华人民共和国首都、世界著名古都和现代化国际大都市，是中国的政治、文化中心。

▲ 北京中轴线上的永定门

北京中轴线，被称作伟大祖国首都的脊梁，它再现了京城千年建城史，是六朝古都的中心标志。这条不断传承和发展的轴线南起永定门，北至钟鼓楼，全长约7.8千米，是一条全世界最长，也最伟大的南北中轴线。

中国科学史事业的开拓者、著名的建筑学家梁思成先生是这样描述北京中轴线的："一根长达八千米，全世界最长，也最伟大的南北中轴线穿过了全城。北京独有的壮美秩序就由这条中轴的建立而产生。前后起伏左右对称的体形或空间的分配都是以这中轴为依据的。气魄之雄伟就在这个南北引伸、一贯到底的规模。"他还精彩地给了我们大家一幅全景图："从外城最南的永定门说起，从这南端正门北行，在中轴线左右是天坛和先农坛两个约略对称的建筑群；经过长长一条市楼对列的大街，到达珠市口的十字街口之后，才面向着内城第一个重点——雄伟的正阳门楼。在门前百余米的地方，拦路一座大牌楼，一座大石桥，为这第一个重点作了前卫。但这还只是一个序幕。过了此点，从正阳门楼到中华门，由中华门到天安门，一起一伏、一伏而又起……由地安门到鼓楼、钟楼，高人的建筑物都继续在中轴线上。但到了钟楼，中轴线便有计划地、也恰到好处地结束了。”

这条了不起的中轴线，把我们所熟悉的很多伟大建筑有机的连接起来，如今已经成为一条最著名的景观大道，可是在以前，这条道路是帝王的专属御道，可不是普通老百姓随便走的。 现如今，我们一定要沿着这条线路好好走走，去进行一次古都文化的探究才好。

【八卦哪咤城】

今天北京城的中轴线，是在元大都城规划时奠基的。当时的总设计师刘秉忠很博学，精通周易八卦等。他设计的元大都，不但讲究方位，还具有哪吒三头六臂两足的生动造型：都城南面的丽正门、文明门、顺承门象征哪吒的三个头，城东西两面各三个城门象征着哪吒的六臂，城市中轴线是哪吒的脊梁，中轴线两侧胡同是哪吒的肋骨，皇城是心脏，水域是胃，城里流淌的河道是血管等，非常形象。

明朝的首都原为应天府（今南京），后来镇守北京的燕王朱棣篡夺了侄子的皇位，才定都顺天府（今北京）。他命令两个参谋——半仙刘伯温与和尚姚广孝，重新规划设计北京城。传说两人一个住在东城公馆，一个住在西城公馆，各画各的图稿，但是最后都不约而同设计出一个“八臂哪吒”来：前门是头，东城的崇文门、东便门、朝阳门、东直门是右边四条胳膊；西城的宣武门、西便门、阜成门、西直门是左边四条胳膊；城北的德胜门和安定门是两条腿；中轴线就是脊梁骨（永乐年间的中轴线，是南起正阳门，北到钟鼓楼）；紫禁城是内脏，皇上坐的太和殿是心脏；城中的大街是骨架；小胡同是血管。不仅如此，皇城和紫禁城的城墙都是红色的，像哪吒的混天绫；东岳庙是哪吒右手拿的乾坤圈，白塔寺如哪吒左手持的火尖枪。

如果我们现在俯瞰北京城，可以想象出这样一个头朝南躺着的八臂哪吒的形象。神话传说中，哪吒曾经打死龙王三太子，按照一些旧的说法，这正好可以镇住北京城的水龙。

【龙的传说】

据说，当我们观察用遥感技术所拍摄的全北京城鸟瞰照片时，会发现两条龙：一条水龙，一条陆龙。

水龙以南海为龙头，湖心岛为龙眼，中南海和北海为龙身，什刹海为龙尾，摆往西北的方向；陆龙则起起伏伏地卧在北京城的中轴线上，天安门像龙吻，金水桥为颌虬，东西长安街则是两条长须，天安门到午门是鼻骨，太庙和社稷坛如龙眼，故宫似龙身，四座角楼就像龙的四爪，伸向各方，景山、地安门大街和钟鼓楼是龙尾。雄伟的正阳门像一颗宝珠，南城的龙须沟据说原来也是龙的一部分。

如果我们按照这样，想象两条龙在北京城中，就很容易记住那些纷繁复杂的建筑了。

在中国，龙的传说至今约有8000年的历史，中华民族被称为龙的传人。龙与凤凰、麒麟、龟一起并称“四大瑞兽”。在传说中，龙是神异动物，能行云布雨，还“能大能小，能升能隐；大则兴云吐雾，小则隐介藏形；升则飞腾于宇宙之间，隐则潜伏于波涛之内”。

▲ 研学团队学习龙文化

龙的传说在东方许多国家都有，大多都是正面形象；西方有一种类似的动物dragon，它也被翻译成龙，但却是恶魔的象征。为了区别于它，我们现在把中华龙的英文名定为Loong。

《辞源》中说：“龙是古代传说中的一种善变化能兴云雨利万物的神异动物，为鳞虫之长。”《辞海》中说：“龙是古代传说中一种有鳞有须能兴云作雨的神异动物。”很多人都认为龙是一种传说中的动物，是被想象出来的。它被放在十二生肖中，其中似乎只有它不是真实的存在，但是中国的史书中一直都有很多关于龙的记录。

关于龙的样貌，据说角似鹿，头似牛，嘴似鳄，眼似龟，耳似牛，鳞似鱼，须似虾，长似蛇，足似鹰，集合了多种动物的特征。民间画龙有“三停九似”的规矩，不但要有上面那“九似”，而且龙首至前肢、前肢至腰、腰至尾这三部分长度要相等。

龙也是封建时代中国帝王的象征。皇帝是“真龙天子”，穿龙袍、坐龙椅，出生称“龙诞”，未即位时称“龙潜”，登基之后称“龙飞”，创立王业称“龙兴”，子孙后代称“龙种”。

我们在古都北京，尤其是中轴线上的很多古建筑中，都可以发现龙的图案。亚洲其他国家的王宫中也有不少。中国的龙有三趾、四趾、五趾的不同形象，而且五爪龙逐步成为皇帝专用品。其他皇族成员或当时的藩属国，如韩国、越南等，只能用四爪龙或三爪龙的形象。清代以后，龙与封建统治者脱离了关系，大家作为装饰，开始随便刻画各种各样的龙了。

▲ 琉璃龙图案

知道了这些，

我们在中轴线上看到那些无处不在龙的威严形象时，也会感觉到亲切很多。

【龙生九子】

谚语说：“龙生龙，凤生凤，老鼠的儿子会打洞。”我们一般认为，龙生下来的后代，不是小龙女，那就是龙太子。但是古代传说中却不是这样的。

据说，龙与牛会生出麒麟，与马会生出龙马。通常我们会说：“龙生九子，各有不同。”其实这里的“九”不是实数，只代表多的意思。等我们了解完它们后，就会惊叹我们的祖先想象力有多么丰富。龙生的九子，有几种说法，我们挑选其中一组，并连带介绍一下其他说法中一些重要的龙子龙孙们。

老大：囚牛（qiú niú）

龙头蛇身，性格温顺，爱好音乐，是龙子中的乐神。它耳音好，能辨出万物声音，所以常常被雕刻在汉族的胡琴上，其他少数民族的乐器上也常有它的身影。

老二：睚眦（yá zì）

龙首豺身，性格刚烈，喜欢打斗杀戮，是龙子中的战神。睚眦发怒时凶神恶煞，古人常把它刻在刀剑的刃身与手柄接合的吞口处，以增加威慑力。

老三：嘲风（cháo fēng）

形似兽，好险又好望，是龙子中的哨兵。它象征着吉祥、美观和威严，还具有威慑妖魔、清除灾祸的含义，所以经常挺立在屋檐脊兽第二的位置上，殿角走兽往往也是它的形象。

老四：蒲牢（pú láo）

形似盘曲的龙，好鸣好吼，是龙子中的鼓手。据说，它可以使种更大声，所以古代大钟上的钮是它的塑像，为的是“响入云霄”且“专声独远”。

老五：狻猊（suān ní）

形似狮子，排行第五，虽然相貌凶悍，但是喜欢安静，喜欢坐着，很少走动，是龙子中的门神。它还特别喜欢烟火，因此佛座上和香炉上的脚部装饰，经常是它的塑像。

老六：霸下，又名赑屃（bì xì）

▲ 龙生九子

形似龟，力大无穷，好负重，是龙子中的大力士。霸下又称石龟，是长寿和吉祥的象征。传说霸下上古时代时常在江河湖海里兴风作浪，后来服从大禹的指挥，为治水作出了贡献。大禹立碑刻上霸下治水的功迹，下面塑着它的形象，所以后来碑座下常有其塑像。

老七：狴犴（bì àn），又名宪章

形似虎，平生喜欢打官司，很有威力，是龙子中的法官。它能明辨是非，秉公而断，形象威风凛凛，因此在狱门、大堂两侧，回避牌的上端，牢狱的大门上，都刻有它的头像。

老八：负屃（fù xì）

身似龙，头似狮，喜欢舞文弄墨，是龙子中的书法家。它的塑像常见于石碑顶端两侧。

▲ 龙生九子

老九：螭吻（chī wěn），又名鸱尾

龙首鱼身，口阔嗓粗，喜欢吞咽东西，能够灭火，是龙子中的消防员。因为传说它是雨神座下的动物，能够灭火，所以作为殿脊两端的卷尾龙头塑像，用作镇邪之物以避火。

在其他“龙生九子”的说法中，还有一些重要角色需要认识：

饕餮（tāo tiè）

样子似狼，非常贪吃，是龙子中的馋嘴猫。据说它贪吃无厌，把能吃的都吃光了以后，最后竟然吃了自己的身体，因此只剩一个头部。它的形象经常出现在青铜器上，称之饕餮纹。

椒图（jiāo tú）

形似螺蚌，喜欢闭嘴，性情温顺，有点自闭，不喜欢别人进其巢穴，是龙子中的看门人。它常成为大门上的衔环或挡门的石鼓。

貔貅（pí xiū）

有独角、双角两种形状，龙头、马身、麟脚，形状似狮子，毛色灰白，会飞，是龙子中的财神爷。自古貔貅都是作为守护财宝吐宝之圣物，据说能招来大量的金钱。

螭（chī），或螭首

它的大肚子能容纳很多水，是龙子中的大肚汉和储水罐。在建筑中多用于排水口的装饰，称为螭首散水。

麒麟（qí lín）

形状像鹿，尾似牛尾，雄的为麒，有独角，雌的为麟，无角，合称麒麟，口能吐火，声音如雷。性情温和，不伤人畜，不践踏花草，故被称为仁宠，是龙子中的吉祥物，据说能活到2000岁。中国古代用麒麟象征祥瑞。相传只在太平盛世，或世有圣人时此麒麟才会出现。民间传说麒麟会给人们带来儿子，因此有麒麟送子之说。

犼（hǒu），俗称望天吼

像犬，凶猛异常，吃人，并常常与龙争斗。据传其是龙王的儿子，有守望习惯。天安门前后的华表柱顶，它对天咆哮，密切关注皇帝的行踪，被视为上传天意，下达民情。位于天安门前华表上两只面南而座的犼专门守候皇帝出巡，呼唤皇帝回来料理国事，人们称其为“望君归”。位于城楼后华表上的的两只面北而座的犼，则监视皇帝在宫中的举动，催促皇帝快出宫体察民情，不要总呆在宫中享乐，人们称其为“望君出”。

▲ 龙生九子

趴蝮（bā xià），又名蚣蝮（gōng fù），又被称为避水兽

形状一说似鱼非鱼；一说头部有点像龙，不过比龙头扁平些，有一对犄角，有点狮子相，四条腿和尾巴上都有鳞片。它是龙子中的水管员。它喜欢水，嘴大，肚子里能盛非常多的水，能吞江吐雨，负责排去雨水。所以常被放于桥头或桥身镇住河水，防止洪水侵袭。

我们在北京城的各种建筑中，寻找这些形态各异的龙子，应该是一件很有意思、很好玩的事情，难道不是吗？如果你能找全它们，真的要夸夸你眼光敏锐、观察细微了。

【脊兽的秘密】

我们看到很多古建筑的屋脊上，会有一些小人和动物的形象，它们被称为“脊兽”。

北京城中轴线上许多高级建筑的脊兽多是用琉璃瓦制成的，最初是为了保护木栓和铁钉，防止漏水和生锈，对屋脊的连接部起固定和支撑作用。后来发展出了装饰功能，并有了严格的等级意义。

最前面领头的，传说是骑凤（也有说是鹤或鸡的）的仙人。后面依次为龙、凤、狮子、天马、海马、狻猊、押鱼、獬豸、斗牛、行什。其中天马与海马、狻猊与押鱼的位置可互换。记忆口诀是：“一龙二凤三狮子，海马天马六押鱼，狻猊獬豸九斗牛，最后行什像个猴。”这些小兽，数量越多，建筑级别越高。

关于仙人的传说有很多，说他好坏的都有，但是各种小兽，可都是代表好的期许：

龙，鳞虫之长，皇权的象征，变化无穷，力量强大，拥有各种动物的美德。

凤，百鸟之王，祥瑞的象征，它的出现会预示着天下太平，百姓安乐。

狮子，百兽之王，神佛的坐骑，强大勇猛，可以镇守殿堂免受外界侵扰。

天马，能在陆地上日行千里、追风逐日，凌空照地，是自由快乐的象征。

海马，能在大海中畅达四方、象征忠勇吉祥，智慧与威德通天入海。

狻猊，龙的第五个儿子，是接近狮子的猛兽，能食虎豹，它日行五百里，性好焰火，有护佑平安意。

押鱼，是海中的异兽，能喷出水柱，兴风作雨，灭火防火。

獬豸，有神羊之称，善于辨别是非曲直，力大无比，象征公正无私，又有压邪之意。

斗牛，传说中的虬龙，是祥瑞的动物，有镇邪、护宅之功用。

行什，一种带翅膀猴面孔的压尾兽，排行第十，故得此名。据说可以防雷。

以上十种是在屋脊相交处罗列的垂兽。

龙九子中的螭吻，安于屋顶正脊两端。祈求这种雨神座物能为人们消除火祸，带来幸福。

【景山与仰山】

通过卫星遥感技术拍摄的北京景山公园平面园林图，酷似一尊盘腿打坐的佛像，像面带微笑，眼、鼻、口、眉毛齐全，被

▲ 北京中轴线仰山坐标点

称为“景山坐像”。

景山位于中轴线上的景山公园，明永乐年间修建宫殿时曾在此堆煤，所以原名煤山。公元1644年李自成率领农民军攻入北京时，明朝的崇祯帝自缢于此山中。

景山是由以前挖紫禁城筒子河和太液、南海的泥土堆积而形成的五座山峰，称“万岁山”。清顺治十二年（1655年），改名为景山。景山名称有三层含义：首先是高大的意思。《诗经·商颂·殷武》中有“陟彼景山，松柏丸丸”之句，不过说的是3000年前商朝的都城内有一座景山。其次，因为这里是紫禁城中帝后们“御景”之地；再次，有景仰之意。

现在的景山公园早已是老百姓们休闲的好地方。全园坐北朝南，红墙黄瓦围墙。主要建筑有园门、绮望楼、峰亭、寿皇殿建筑群、兴庆阁、永思殿、吉祥阁、观德殿等。

2008年，举世瞩目的第29届夏季奥林匹克运动会在北京举办。在场地建设过程中，挖龙湖的土堆成了奥林匹克山。其间，人们发现在山东面有个村庄，叫作“仰山村”。有识之士建议把奥林匹克山起名为仰山，取古诗书中“高山仰止，景行景止”之意。

中轴线上两座相差很多年、同样挖湖堆积而成的山，一座叫“景山”，一座叫“仰山”，仿佛冥冥之中早有安排一样，真是很有意思啊！

【故宫里的大缸】

大家在游览中轴线上著名的世界文化遗产故宫的时候，会在各处看到很多口大缸，它们是做什么用的呢？导游会告诉我们，是防火用的。其实还有很多细节，都值得我们去进一步了解。

紫禁城的建筑大多为砖木结构，容易失火，被老百姓称为金銮殿的太和殿，就曾被烧毁过四次。清代末年的一场太和门大火，距光绪大婚之日只有40多天。按照祖制，皇后要坐轿从紫禁城的正门——午门被抬入皇宫，然后经太和门再向北进入内宫。可是太和门被大火焚毁，无法一下子修复，而婚期也不可以随便更改，于是临时扎制了一个一模一样的纸质太和门，皇后从纸门进入后宫。

为了有效防火，这些大缸就承担了贮水灭火的任务。宫中一旦失火，即可就近从中取水灭火。这些大缸还有一个俗称叫“门海”，就是门前大海的意思。

据《大清会典》记载，宫中共有大缸308口。但经过几百年后，如今只剩下了231口。紫禁城的大缸分为铜质鎏金大缸、铜缸、铁缸三种，距今最早的大缸为明弘治年间铸造的铁缸。铜缸则大多为清代铸造。鎏金铜缸等级最高，共有18口，主要放置在太和殿。这些缸高1.2米，直径1.66米，重1696千克，最外层镀有一百两黄金，每口缸的外面均刻着“大清乾隆年造”的字样。八国联军攻入北京时，有不少侵略者竟用刺刀狂刮缸上的金子。如今在太和殿的鎏金大铜缸上，仍能清晰地看见当年留下的刀痕。

这些大缸每口缸可贮水3000多升，300口缸由十几个太监专门负责管理。夏天要勤换，保证没有异味。冬天除了要在缸口加盖之外，还必须在缸外包上一层棉外套，保证不结冰。特别寒冷的季节里，就得把缸架在特制的石圈上，在石圈内点燃炭火，昼夜不熄，保持缸内不冻。

▲ 北京中轴线

【中轴线与子午线】

中国古代大建筑群平面中统率全局的轴线称为“中轴线”。古代帝王自命为天子，都城建设讲究“坐北朝南，殿宇接天”。北京城的中轴线是一条最著名的南北中轴线。一般而言，南北中轴线会和指示南北方向的子午线（也称经线）相重合，但是专家们看北京全景图时，发现它们并不重合。

在精确的地形图上我们可以看出，中轴线偏离子午线两度十几分，从南端起始点永定门开始，向北延伸时就呈逆时针方向偏离子午线，到终点钟楼已经偏离约300米。这是怎么回事呢？中轴线不应该是“正南正北”的吗？

【中轴线竟然是歪的】

经过多位史学研究者的研究发现：北京现有的中轴线是沿用元大都时的中轴线。明时期城墙则沿用元代的土城，清代沿用明城墙，中轴线都未改动，到今天已有730多年。难道是给忽必烈“监筑”的汉族重臣刘秉忠和他的学生郭守敬在故意捣鬼吗？

答案是否定的。最终专家们发现：如果这条偏的北京中轴线继续往北延伸，延长线正好通过距离北京270多千米的古开平（今内蒙古自治区锡林郭勒盟的兆奈曼苏默），而那里正是元上都遗址所在地。当年，忽必烈就是从此地出发，一路迁都到元大都（今北京）的。那时候元世祖实行的是“两都制”：冬天在“冬都”元大都办公，元大都就是所谓的“冬都”；夏天在“夏都”元上都办公。真的是很会享受啊！

这样看来，很可能是元世祖忽必烈有意把元大都的中轴线设计偏的。但是元、明、清三代以北京作为都城的皇帝有33位，很可能其中除了忽必烈，谁都没有想到自己的龙椅是坐

“歪”了的。

【天桥的桥】

很多年来，北京中轴线上城南著名的天桥是没有桥的，所以一部电视剧中就唱“天桥没有桥”，很多人也以为天桥确实没有桥。

但实际上天桥是有桥的。

▲ 天桥

据记载，原来的天桥是一座单孔汉白玉拱桥，桥身很高，桥下还不时有游船经过。桥上是皇帝去天坛祭天的必经之路，所以这座石桥被称为“天桥”（意为天子之桥）。后来为适应马车、汽车通行，桥身越来越矮。1910年溥仪到天坛举行了最后一次祭天仪式后，天子桥就变成了平民可以过的普通桥了。1927年因铺设有轨电车轨道，天桥被修成平桥。1934年展宽正阳门至永定门道路时，天桥被彻底拆除。

天桥没有了，但是天桥的名字被保留下来，为北京留下了独特的商贸风情和永恒的天桥文化。

2013年，作为中轴线上重要的地标性建筑，天桥历史文化景观重现，新的汉白玉石桥和两侧石碑一起亮相，从而结束了天桥近80年“有名无桥”的历史。

如今，北京中轴线的申遗工作正在如火如荼地进行当中。不远的将来，它可能变成祖国首都的第八项世界遗产。

北京的故事讲也讲不完，无论是老北京人，还是世界各地慕名而来的游客，都应该沿着北京中轴线认真地走一走，真实地去体验一下这里浓缩着的厚重的中华文化。

第二节 行知笔记

“行知笔记”从字面意思上理解就是关于“行”和“知”的“笔记”，也就是运用书写、绘画、拼贴等各种方式，对自己的行走历程、所见所知、所思所想进行记录，留下生活的痕迹。在古道研学的过程中，非常适合采用

▲ 行知笔记

行知笔记的方式记录自己的见闻和收获。

“行知笔记”虽然是一种新的说法，其实有着悠久的历史传统。比如中国古代的游记文学都可以看作是“行知笔记”的一种文学性的表达。其中最为著名的当属流传千古的《徐霞客游记》，徐霞客所创造的宝贵遗产直到今天依然产生着深远的影响。在西方的探险史上，特别是摄影技术还没有普及之前，每位探险家都留下了形式多样、内容丰富的探险笔记，用文字和绘画的方式记录自己的各种发现和经历，这更是不折不扣的“行知笔记”了。

▲ 孩子记录的研学笔记

不过“行知笔记”不完全等于旅行日记。其实从广义来说，“行”不仅仅是指旅行，我们每天的学习、工作和生活都是一种行走；“知”也不仅仅是指知识，对生活的思考和感触也都是“知”。所以“行知笔记”的内容没有任何限制，日常生活中的所见、所闻、所思、所想都可以写，当然在旅行和研学的过程中会有更多新鲜的素材。其实从某种意义上说，“行知笔记”就是每个人的人生笔记，记录生活的痕迹，书写自己的传奇，适合于各个年龄段的人群。

“行知笔记”与研学活动天然具有吻合性。在文旅融合的背景下兴起的研学活动，以旅游为途径，以文化为主线，寓文于游，寓学于景，是一种跨区域、跨文化的体验式教育模式。在这一过程中，如何让参与者获得更大的收获？如何在游中获取知识和充分体验？这是需要进行不断探索的。运用“行知笔记”这一方式，能够将“行”与“知”充分有机融合，激发参与者的热情和创造力，让研学的经历和成果可视化、系统化。

具体到如何在古道研学过程中写“行知笔记”，可以按照这样的步骤进行：

首先，在研学旅行之前，可以搜集关于目的地的各种信息。比如提前了解当地的历史文化知识和著名遗迹、古道的基础线路与特点、当地特产与特色美食等信息，并把这些信息要点记录在笔记本上，方便随时查找。

其次，在研学活动的过程中，应该养成习惯，随时用文字、绘画、线路图等方式记录自己的行程、所见、所感等。还要注意沿途保留好车票、景点门票等，再随时收集一些所到之处的地图、宣传册、商家名片等，将这些丰富的素材剪贴组合以后贴到行知笔记上，会带来很好的视觉效果。有的人喜欢每到一地都去邮局盖一个当日的邮戳，还有人喜欢携带小型照片打印机，随时打印旅途中代表景点的照片，这些方法都可以灵活运用。

最后，在旅行结束之后，一定要做总结，概括一下自己的经验和收获。比如这次活动中令你印象最深刻的几件事是什么？学到了哪些之前从来没有接触过的知识？有哪些地方以后还应该改进？这样的方式可以深化研学的成果，并且为自己以后的行程规划提供参考。

创作“行知笔记”的方法因人而异，最简单的方法就是文字记录。建议除了普通的黑色中性笔，还可以准备几支彩色中性笔、粗头马克笔、彩色铅笔等，用于书写标题和做装饰，会让页面更丰富。

拼贴是另外一种简单而有效的好方法。随身带一个文件夹收集生活中的各种票据和印刷品，用剪贴的方法进行组合，再配上一些说明性的文字，就会创作出非常丰富、美观的页面。当然还可以收集一些纸胶带、贴纸、印章等，对页面进行装饰。

也可以尝试画画的记录方式。不管是风景还是美食，包括路线和底图，简单画下来的感觉总会比照片要鲜活很多。不过首要的原则是不必求全求美，记录本身就是意义，也是乐趣所在。

中国传统文化中一直非常重视知行合一。“行知笔记”是对传统文化的一种继承和发展，也是一种带有创新气息的自由灵活的表达方式，能够充分激发个人的创造性和活力，值得向参加研学活动的青少年推广。

第三节　古道马拉松

▲ 古道马拉松

古道马拉松，是由北京文明之路徒步运动中心负责推广的全新概念，是指在古道这种最典型的线性文化遗产上进行的一种非竞技性全民健身活动。人人皆可参与，随时可以进行，没有传统赛事的激烈竞技对人体机能甚至生命带来的可能威胁，没有城市污染对身体健康的影响，是一种亲近自然，展示自我，科学、安全、环保、文明、快乐参与户外活动的崭新模式，也是一种古道研学实践的标准化操作和示范活动。

古道马拉松与传统的马拉松比赛相比，有很多不同之处。标准的古道马拉松活动具有以下八个特征：

1. 非竞技性

古道马拉松的相关活动，不是比赛，完全是非竞技性的。虽然为了增强趣味性，在完成过程中可能计时等，但是每个人所挑战的，只有自己，而非旁边的队友或是某项纪录。在活动过程中，大家可以怀着十分轻松的心情参与，不必有什么压力，能尽情享受户外运动所带来的快乐。

2. 全民性

古道马拉松对参加者没有硬性的规定，年逾古稀的老人、蹒跚学步的孩子，当然包括训练有素的运动员，几乎所有人都可以参与。在全民健身成为国家战略的今天，古道马拉松是一种非常适合所有人参与的健身方式，所以又称为“全民马拉松”“家庭马拉松”。

3. 灵活性

古道马拉松的参与方式是非常灵活的。从运动方式来看，参与者在整个过程中既可以采用跑步的形式，也可以全程徒步，当然也可以跑步与徒步相结合；从运动里程来看，可以一次性完成一个全程马拉松或者半程马拉松，也可以分多次进行。比如每次完成四分之一程或者更短距离的迷你马拉松，累计完成42.195千米的标准里程数就可以成就一个全程古道马拉松。大家可以根据自身的情况选择最适合自己的方式，全家人一起分多次累计完成一个马拉松，完成人生中一个非常有意义的历程。

4. 连续性

对于一个地区来说，古道马拉松是可以连续、长期举办的。一整条很长的古道，可以分成很多段的古道马拉松线路，供大家多次参与完成。一个地区的多条不同特色的古道，也可以让参与者一条一条去行走和欣赏。这样做看似会给组织者带来较大的工作量，但保证了古道体系的完整性和活动的连续性。大家可以用较长的一段时间完整地走完一条很长的古道，或者走遍这一地区所有重要的古道，相信参与者一定会得到更多的收获。

▲ 古道马拉松活动

5. 文化性

古道马拉松不是主要在现代城市道路上进行，而是在古道上进行的。古道是一种珍贵的线性文化遗产，是具有丰富内涵的历史文化宝藏。在古道马拉松活动的举办过程中，会充分体现古道的历史文化内涵。一边行走古道，一边了解当地的历史、文化、地理、生物等多方面的知识，可以让参加者获得更加丰富的体验。

6. 安全性

因为古道是长期以来人们使用过的，所以相比一般的户外线路要成熟一些。加上完善的服务以及非竞技的理念，古道马拉松会比传统的马拉松赛事安全很多，适合于各种不同类型的人们特别是整个家庭参与。

因此，任何活动的组织、开展必须将安全放在首位。

人民网兰州2021年5月23日电（王文嘉、黄帆）5月22日，黄河石林山地马拉松百公里越野赛遇极端天气，多人死伤。截至5月23日上午9时30分，参加百公里越野赛172名参赛人员中的151人已经确认安全，其中8人轻伤在医院救治，情况稳定。另有21名参赛人员找到时已失去生命体征。

国家体育总局2021年5月23日晚紧急召开“全国体育系统加强赛事安全管理工作会议”，进一步压实体育系统的赛事安全管理工作，不断完善体育领域安全风险防控制度和举措。

古道马拉松又称“亲子马拉松”或“家庭马拉松”。现在很多家长越来越认识到，户外运动对孩子来说是一种非常好的休闲和教育方式，在增强孩子身体素质、改善亲子关系等方面有着重要作用。全家人一起参加精选线路上所举办徒步形式的古道马拉松活动，是一种非常好的假日休闲选择。

7. 公益性

古道是非常宝贵的文化遗产。中华大地上有非常多的古道，除了丝绸之路、茶马古道、京西古道这些著名的线路外，每个地区、城市甚至乡镇、村落都有很多有价值的古道资源，需要我们大家一起来保护。所有参加古道马拉松活动的人员，必须要知晓并接受《国际古道文明公约》和《国际古道环保公约》的所有条文，并承诺认真履行，主动宣传，这是参与者获得古道马拉松证书的首要条件。

8. 严肃性

古道马拉松既然是用“马拉松”来命名，所以参与者必须累计完成42.195千米的总里程数，才能获得盖有全程古道马拉松章的证书。同时，只有古道马拉松商标持有者——北京文明之路徒步运动中心指定明文确认、获得授权的机构才具有颁发证书的资格。

附：欢迎加入中国少儿古道考察队

为深入推广古道研学，中国公路学会交通史志与文化工作委员会、国际古道网、蓝天救援队等专业机构携手，将帮助各地成立进行青少年儿童的各级学习型、实践性、公益性古道考察队，打造一支优秀的、参与各种国家间交流的中国少年

▲ 古道研学助力我们的茁壮成长

和大学生古道考察队伍。在此过程中，我们将组织一系列专业优质的古道研学活动，让文化遗产活起来的伟大实践进一步深入。

欢迎大家关注，并积极参与到这项重要的工作和活动中来。

第四节　跟着诗词走古道

中国的古典诗词与古道有着天然的联系。如果深入了解一下中国古代诗人们的经历，你会发现他们其实是经常在路上的一群人。在年轻的时候，很多诗人都有着漫游、交友、干谒的经历，走访名山大川，开展自我推荐；很多人从家乡前往省会、京城参加科举考试，来来往往，中举或者落第，都是别有一番滋味在心头；待到入朝为官，宦海沉浮，身不由己，常会因为各种事情遭到贬谪或者调任，于是又得匆匆地踏上征程。

所以诗人们的许多作品都是在旅途上写的。行走中的所见所感更能够激发人的创作灵感，因而也更容易写出影响后世的佳作。“移舟泊烟渚，日暮客愁新”（孟浩然《宿建德江》）写的是旅途中油然而生的愁绪；“大漠孤烟直，长河落日圆”（王维《使至塞上》）写的是边塞壮阔苍凉的风景；“莫听穿林打叶声，何妨吟啸且徐行”（苏轼《定风波》）写的是看淡人生得失的旷达与潇洒；“稻花香里说丰年，听取蛙声一片”（辛弃疾《西江月·夜行黄沙道中》）写的是隐居生活的自在闲适。诗人们在那时那地有感而发，写下动人的诗句。而他们曾经走过的路则记载了那些难忘的故事和不朽的诗篇，连同当地的历史文化一起沉淀下来，千百年来一直影响着后续走在古道上的人。我们今天如果也去走一走这些古道，吟诵一下这些诗词名句，穿越时空，想象一下作者当年创作时的心绪，对于诗人思想境界的了解一定又会深入几分。

▲ 古道上辛弃疾像

有一些古道与诗歌的关系似乎特别的密切，比如说近些年来宣传力度比较大的浙东唐诗之路。其线路大致始于钱塘江边的西兴渡口，沿浙东运河从绍兴镜湖、曹娥江、剡溪至天台石梁，登天台山。这是盛唐时期文人墨客们相继游览的一条古道，全程约200千米。据统计，《全唐诗》记载的2200余位诗人中就有400多位诗人走过此古道，留下的著名诗句更是不胜枚举。这一线路的确值得游览，清幽的峡谷、潺潺的流水、秀丽的山峰、古老的传说……非常适合一边吟诵诗句，一边访古寻幽。为了打造“诗画浙江”的名片，当地以水系（古道）为纽带勾勒出浙东唐诗之路、大运河诗路、钱塘江诗路、瓯江山水诗路四条浙江诗路文化带，号称“一文含四带，十地耀百珠”，成为连接古今的文化纽带。

▲ 浙东唐诗之路

说到唐诗之路，其实中华大地上有很多古道都可以命名为唐诗之路或者诗词之路。因为这些古道只要曾经是交通要道，就会有无数的文人墨客经过，也会留下许多著名的诗篇。比如从唐代都城长安（今西安）出发的一系列道路，其中有一条经过蓝田的蓝关古道就多次出现在唐代著名诗人的笔下。

蓝田位于长安的郊区，当时很多达官贵人都在蓝田修建别墅，王维晚年隐居的辋川别墅就位于这里。王维经常往来于长安和此间，写下大量相关的诗篇。今天，辋川别墅的遗址虽然大多已经不存在，那些在诗歌中耳熟能详的“鹿柴”“华子冈”“鸟鸣涧”等地点已经无迹可寻，但是在辋川这一带行走，看一看那云雾缭绕的终南山，走一走山谷之间曲径通幽的小路，寻访一下传说是王维当年手植的银杏树，也会是一种很美好的体验。

蓝关与蓝田在唐诗中出现的频率极高。比如韩愈有一首代表作叫作《左迁至蓝关示侄孙湘》，是他因为上书劝诫皇帝不要迎接佛骨，用词过于激烈而被贬谪后写的。从长安前往遥远的潮州走的就是商於古道，而蓝关也是其中的必经之地。当时韩愈的侄孙来送他，他满怀悲愤又带着依恋地写下了“云横秦岭家何在？雪拥蓝

▲ 唐诗之路

关马不前”这样的诗句。这两句既是当时风景的实写，也是他心情的写照。在晚唐著名诗人李商隐的诗中，蓝田又是另外一种情景。李商隐的代表作《锦瑟》中有这样两句，“沧海月明珠有泪，蓝田日暖玉生烟”。蓝田山是产玉之地，据说埋藏玉石的地方在太阳的照耀下就会有烟雾缭绕。诗人用华美的意象营造出亦真亦幻的意境，让诗歌也笼罩上一种朦胧而美好的气息。

其实丝绸之路又何尝不是一条唐诗之路呢？在这样一条通往西域，同时也是通往边塞的道路上，曾经留下了多少壮丽的诗篇。不说别的，仅仅就说带有“玉门关”这个意象的诗又有多少呢？“青海长云暗雪山，孤城遥望玉门关”，这壮阔又苍凉的风景来自王昌龄的《从军行》，正是因为他曾经真正到过边塞，才能够以如此精确的笔墨写下流传千古的名句。而王之涣的“羌笛何须怨杨柳，春风不度玉门关”这样的句子，则是以景写情，通过音乐来谱写边疆将士的思乡之情。当然今天的玉门关已经不再是边疆之地，甚至连城楼也已经荡然无存，仅仅保留了一个土丘的遗址而已。但是当你行走在曾经激发出如此多壮丽诗篇的大地上，看到茫茫戈壁上时不时出现的一个个土堆，那就是当年的烽火台。当你在那笔直无垠的大路上行走时，所有的那些边塞诗都会在你的心里活过来。

古诗词流传千百年。当我们深入去挖掘一首诗背后的那个人和那个地点时，你就会发现其实每一首古诗词都是活的。

它们当年诞生之时，是诗人所表达的鲜活情感；当它们流传至今，我们依然应该让它们活过来，用行走古道和深度体验的方式去接近和了解它们。

我们会有意识地选择一些文化内涵丰富的经典古道线路，如拥有马致远故居的京西古道等，和大家一起去实地行走。跟着诗词走古道，跨越时空界限，跟诗人们去看看同一片山水，去呼吸同样的空气，甚至还有可能在同一棵树下坐着歇息，踏过同一条青石板路。通过这样的触摸，相信大家对古诗词的理解一定会更加深入，大家会觉得自己仿佛和诗人成为了朋友，而中华文化与古典文学的魅力也会在这个过程中悄然显现。

▲ 马致远故居

参考文献

［1］《知识就是力量》杂志社．游学天下．夏［M］．北京：科学普及出版社，2008．

［2］罗学亮．中国茶道与茶文化［M］．北京：金盾出版社，2014．

［3］宋亚平．欧亚万里茶道及其源头［M］．武汉：崇文书局有限公司．2015．

［4］吴涛．古道马拉松实用手册［M］．北京：中国长安出版社．2015．

［5］吴涛．陆羽古道［M］．北京：中国致公出版社．2017．

［6］邓九刚．茶叶之路：康熙大帝与彼得大帝的商贸往事［M］．北京：新华出版社，2017．

［7］交通强国建设纲要［M］．北京：人民出版社，2019．

［8］姜师立．中国大运河遗产［M］．北京：中国建材工业出版社，2019．

［9］吴涛．中华青少年户外环保公约［J］．天天爱科学，2013，（1）：44–45．

［10］吴涛. 冬天，让我们一路向北［J］. 快乐科学，2014，（1）：18–23.

［11］吴涛. 北京城的中轴线［J］. 天天爱科学，2014，（2）：2–13.

［12］吴涛. 龙的九个儿子［J］. 读者·校园版，2014，（7）：68–69.

［13］冷林蔚. 重走丝绸路，追寻古人迹［J］. 知识就是力量，2014，（12）：32–37.

［14］吴涛. 古道，纵横交错的历史幽光［J］. 中国国家旅游，2015，（10）：58–66.

［15］吴涛. 京西古道上的文化符号［J］. 世界遗产，2017，（1）：90–95.

［16］吴涛. 唐蕃古道，一条隐没的进藏路线［J］. 中国国家旅游，2017，（12）：140–145.

［17］吴涛. 尘封两千年的岭南记忆［J］. 中国国家旅游，2018，（5）：122–127.

［18］吴涛. 霞客古道，一个人造就的世界级文化遗产［J］. 中国国家旅游，2019，（2）：130–135.

［19］吴涛. 重访万里茶道［J］. 中国国家旅游，2019，（3）：120–125.

［20］吴涛. 寻找茶马古道最后的片段［J］. 中国国家旅游，2019，（4）：128–133.

[21] 吴涛. 中国大运河，再度出发 [J]. 中国国家旅游，2019，(10)：122–127.

[22] 吴涛. 秦直道：两千年后沉寂的“高速公路” [J]. 中国国家旅游，2020，(1)：118–123.

[23] 吴涛. 藏身西郊的曹雪芹小道 [J]. 中国国家旅游，2020，(8)：124–129.

[24] 吴涛. 皇柏守卫数千年的金牛道 [J]. 中国国家旅游，2021，(2)：116–121.

后 记

仅我国现存的古道，据初步统计数量超过一万条，其内容涵盖各地的历史、地理、文化、生物等各个方面，是一个取之不尽、用之不竭，值得我们大家用大量时间去保护和经历。由于篇幅有限，我们书中仅优选了世界十大古道和中国部分经典古道线路（其中也对香港特别行政区、澳门特别行政区和台湾省的古道内容作了简介），供大家学习参考。

为了深入推广古道研学，中国公路学会交通史志与文化工作委员会、国际古道网、蓝天救援队等专业机构携手，以此书出版为契机，将帮助各地成立进行青少年儿童的各级学习型、实践性、公益性古道考察队，打造一支优秀的、参与各种国家间交流的中国少年和大学生古道考察队伍。在此过程中，我们将与各地有资质的户外及旅行社强强合作，联合成立古道研学教育联盟，并组织一系列专业优质的古道研学活动，使文化遗产活起来的伟大实践进一步深入。

本书是在中国公路学会交通史志与文化工作委员会指导下进行的，由国际古道网、北京文明之路徒步运动中心专家团队组织撰写，得到了出版社领导的大力支持、重要指导与帮助。中国公路学会副理事长兼秘书长、国际道路联合会副主席刘文杰对本书的编写给予了热情的帮助和悉心指导，中国公路学会交通史志与文化工作委员会主任委员谭鸿为全书做了终审、终校工作。在此一并表示衷心感谢。

多年来，蓝天救援队远山总队长和多地队员一道，对我们古道保护、开发和推广工作作出了卓越贡献，在此致敬谢忱，并表达崇高的敬意！

由于水平有限，书中难免出现错漏，恳请读者批评指正！

编者

2021年6月